换个角度看华一

儿子在华一的3年

党波涛/著

華中師範大學出版社

新出图证（鄂）字 10 号

图书在版编目（CIP）数据

换个角度看华一：儿子在华一的 3 年/党波涛 著. — 武汉：华中师范大学出版社，2024.5

ISBN 978-7-5769-0546-5

Ⅰ.①换… Ⅱ.①党… Ⅲ.①儿童教育—家庭教育 Ⅳ.①G782

中国国家版本馆 CIP 数据核字（2024）第 093789 号

换个角度看华一

——儿子在华一的 3 年

© 党波涛 著

编 辑 室：第七分社 **电 话**：027-67867529

责任编辑：童 雯 **责任校对**：王 炜 **封面设计**：胡 灿

出版发行：华中师范大学出版社有限责任公司

社 址：湖北省武汉市洪山区珞喻路 152 号 **邮 编**：430079

销售电话：027-67863426/67863280（发行部） 027-67861321（邮购）

网 址：http://press.ccnu.edu.cn **电子邮箱**：press@mail.ccnu.edu.cn

印 刷：湖北恒泰印务有限公司 **督 印**：刘 敏

开 本：710mm×1000mm 1/16 **印 张**：13.75 **字数**：205 千字

版 次：2024 年 5 月第 1 版 **印 次**：2024 年 5 月第 1 次印刷

定 价：48.00 元

欢迎上网查询、购书

家庭素质教育的实践者与推广者（序言）

陶宏开

本书作者党波涛在华中师范大学（以下简称“华师”）宣传部任职多年，一直负责学校的对外宣传工作，长期关注教育方面的情况，对教育改革的进程十分熟悉。

1964 年初秋，我进华师外语系读英语本科。1968 年毕业后，我被分配至湖北省红安县一中执教。“文革”结束恢复高考，我考上华师著名历史学者章开沅先生的首届研究生，得以回母校深造。2002 年我从美国退休回到国内，母校华师获悉后请我回去工作。这是我第三次走进华师的桂子山校园，先后在华师公共管理学院和历史文化学院开课。

当时，我在公共管理学院 2002 级进行素质教育实践，带领学生们举办当代大学生论坛。作为教师的我充当三种角色：一是旁观者——让学生们自己选择论题并主持讨论；二是帮助者——落实论坛的场地及为积极参与者提供奖品；三是引导者——在论坛结束后我进行点评。华师宣传部的党波涛是第一个采访并报道我的媒体人，对我的素质教育实践十分认可与支持。

2004 年 5 月，我因为帮助沉迷网络游戏的青少年而引起社会的广泛关注，从中央到地方的各种媒体多次对我进行采访报道。而第一个报道我帮助孩子戒除网瘾的媒体人也是党波涛。为了写好这篇报道，他在我家里住了两天两夜，认真观察我是怎么帮助孩子戒除网瘾的。根据一手采访资料，他写出了一篇 4000 多字的通讯报道，发表后引发强烈反响。后来，党波涛又多次随我到中央电视台等媒体录制节目，参加我在北京和地方进行的各类素质教育讲座和大型报告会。2007 年，华中师范大学出版社出版了《陶宏开现象思考》一书，党波涛是主要的执笔者。这本书出版后影响很大，让家长和社会公众了解了我是怎样开展素质教育的。

值得赞许的是，党波涛不只是关注素质教育与我的工作，他尤为注重在实际生活中实施素质教育。他对家庭素质教育的重要性有深刻的理解，在网上开辟了新父母在线微信公众号平台，大力宣传家庭素质教育的基本理论和具体方法，在社会上产生深远的影响。

特别难能可贵的是，党波涛把家庭素质教育运用在自己儿子党钦普的身上。从党钦普上华师附小、初中部到华师一附中（以下简称“华一”），党波涛一直在学习并践行家庭素质教育的理念和方法。

我一直倡导一个观点：早期教育决定孩子的一生。孩子的教育要抓早抓小，抓规律性的东西，抓本质性的东西，这就是做人教育和习惯培养。正是受我的素质教育观点影响，党波涛认真研读了世界早期教育经典名著，比如《爱的教育》《早期教育与天才》《早期教育与能力培养》《教育漫话》《儿童的人格形成及其培养》等。

这些世界早期教育经典名著对党波涛家庭素质教育理念即新父母教育理念的形成具有重要的启迪作用。2008 年，他开通了 QQ 空间，名为“爱的教育”。为什么叫这个名字？他的解释是：人为了爱而活着，而爱要靠后天的教育，故名“爱的教育”。我的导师章开沅先生曾说过，爱是教育的起点，也是教育的归宿。没有爱就没有教育，所以伟大的教育家陶行知说“爱满天下”。

正是在这种教育理念的影响下，党波涛在培养儿子的过程中注重爱的陪伴，实施爱的教育。在儿子小学的六年中，党波涛几乎拒绝了所有的饭局，用心陪伴儿子，进行亲子阅读、亲子运动、亲子沟通。每到双休日，他们父子常去的地方就是图书城，一待就是一天，养成了每天阅读的好习惯。其次就是运动场，他和儿子一起打篮球，养成了每天运动的好习惯。每天睡前，他都会跟儿子沟通，无所不谈，养成了每天沟通的好习惯。这就是后来党波涛新父母教育理念倡导的“每天三个半小时”（每天亲子阅读半小时、每天亲子运动半小时、每天亲子沟通半小时）的由来。

因此，在小学阶段，党波涛并没有逼迫孩子参加各种培训班，而是尊重孩子的个性，从培养孩子的兴趣出发，孩子在小学三年级学了一年的奥数，小学四年级学了一年的踢踏舞，其他没有参加任何培训班。我认为，这里面有个关键因素，就是作为父亲，党波涛发挥了极大的作用，带着儿子一起做了很多很有意义的亲子活动，比如一起郊游、骑车、阅读、打篮球、下棋、玩拼图等。这些高质量的亲子陪伴要比培训班重要得多。

儿子到了初中，党波涛仍然坚持自己的家庭素质教育理念，让儿子自己安排自己的生活和学习，没有参加培训班。

高中三年至为关键。华一是全国办学质量最好的高中之一，也是素质教育做得最成功的高中之一。但家长和社会普遍关注关心的是华一的高考升学率，尤其是清华、北大的升学率，对华一的素质教育关注关心较少。党波涛从一个学生家长的角度，通过儿子在华一的三年生活与学习，展示了一个不一样的华一，这就是我要给大家推荐《换个角度看华一——儿子在华一的 3 年》并作序的原因。这本书可以帮助广大家长和教育工作者从另一个侧面了解认识华一，学习借鉴这所高中的先进教育思想和方法。比如“把时间还给学生，把方法教给学生”这两句，无论是学校教育还是家庭教育，都值得我们学习借鉴。

总之，党波涛的这本书在家庭教育和学校教育中都有很好的启迪意义。在本书中，他详细记载了儿子在华一三年的生活与学习过程，值得广大家长和教育工作者参考借鉴。

华中师范大学素质教育研究中心
陶宏开
2024 年 5 月 12 日

给华师一家长和准家长的建议（自序）

如果你的孩子考上了华师一，恭喜你做了一个正确的选择。

如果你的孩子把华师一当作目标，恭喜你有一个有志气的孩子。

作为一个过来人，我的建议主要写给华师一家长。

孩子进了华师一，家长应该怎么做?

第一，尽量住校。华师一有不少陪读家长，在华师一附近租房，给孩子做饭。我并不赞成这种做法，因为住在校内更有利于孩子成长。高中阶段不同于小学、初中阶段，孩子已经有独立生活的能力，最需要的是在集体生活中培养合作、共情、包容、团结等品质。住校就可以实现这些目标，因为住在寝室是集体生活，必须要学会与同学相处。人是群体动物，融入群体是一种基本的生存能力。如果不能融入群体，将来就会很痛苦。此外，住在学校有利于班主任管理，班主任可以随时掌握学生动态，包括行为、思想、情绪等。这个对及时引导教育孩子非常重要。

第二，尽量放手。小学、初中家长可能事无巨细什么都管，其实更多是对孩子的控制。到了高中尤其是华师一，家长要尽量放手，不要再过多地管孩子。我说的“管”主要是干涉孩子，还是什么事情都由家长拿主意。到了华师一，家长越早放手，孩子成长越好。因为华师一的教育就是自主、自立、自强教育，让学生学会自我管理、自我约束、自我教育，充分调动自我能动性，激发孩子内在的动力。如果家长管的过多，就不利于孩子发展。家长要记住：一个不能自律的孩子，很难成就一番事业。华师一就是要教会孩子自律，家长不放手，自律就很难。

第三，相信老师。孩子到了华师一，就是把孩子交给了老师，交给了学校。因此，家长要充分相信学校和老师。而华师一的老师也足以让家长信任。家长要做的是多与老师沟通，及时交流，了解孩子在学校的情况。具体跟老师交流的频率要根据孩子的情况和老师的情况而定。我建议家长与班主任沟通至少半个月一次，与任课老师沟通至少一个月一次。孩子有任何问题，都要相信老师、支持老师、配合老师，与老师一起想办法解决。因为，老师的经验要比家长丰富得多，老师总会有办法的。再次强调，信任老师是最重要的。家长信任老师，这是对孩子最大的支持。

第四，尊重孩子。我认为，凡是考上华师一的孩子都是有自己想法的，即独立意识很强。因此，家长要尊重孩子。家长不要只盯着成绩和排名，更多的应关心孩子的内心世界，关心孩子的真实想法。家长督促孩子学习可以有，但千万不要像在小学、初中那样，把考试成绩和排名挂在嘴上。高中的孩子思想心理变化比较大，情感情绪波动也大，内心想法可能很多，毕竟是多梦的年龄。家长要学会尊重孩子，孩子做出一个决定或者有一个想法，在你看来并不靠谱，但不要想当然地去否定、批评、禁止，要听听孩子内心真实的想法，听听老师的意见和建议。尤其是孩子未来选报专业和大学，确定人生发展方向，家长都不要用自己的想法替代孩子，一切替孩子做主。没有尊重，就没有教育。尊重孩子，与孩子多商量，做出比较适合的选择，这才是正确的做法。

第五，注意手机。对今天的孩子来说，手机是一个大问题。不要说孩子，就是我们成人对手机也有依赖。这是一个用手机获取信息的时代，抑或是手机时代。几乎人人都离不开手机，没有手机几乎寸步难行。但对孩子而言，手机可能是一个潜在的“雷”，弄不好会伤人。我的建议是，孩子可以有手机，但一定要能管住自己。在校期间，是绝对不能玩手机游戏的。如果管不住自己，到校后就把手机交给班主任代为保管。如果能够管住自己，当然可以自己保管手机。如果孩子实在是有手机依赖症，在手机上花的时间太多，那么就暂时由家长保管手机；要么就是给孩子一个老人手机，只能打电话、发短信。

第六，配合学校。华师一附中实施素质教育，学校会举办各种校园文化活动，以此来培养学生各方面的兴趣和能力，即综合素质。未来的人才都是综合性人才，综合素质最重要。华师一是一所有远见的高中，不仅关心学生的当下，更关心学生的未来。因此，家长要全力配合学校开展的各类活动，支持自己的孩子参加。有时候，这种教育比课堂上的教育对孩子影响更大。比如华师一坚持多年的徒步拉练的社会实践活动，这是一项非常好的教育举措，是孩子成长的第二课堂，虽然只有短短的一周，但对孩子的影响可能是终生的。因此，家长要积极配合学校，按照学校的相关要求做好自己应该做的事情。还有其他一些事宜，家长都应该全力配合。

第七，注重学习。华师一非常重视家长教育，这是一大特色，也是给所有家长的福利。比如家长学校、家委会、家校联盟等，这些与家长有关的组织和活动，家长要积极参加。给我印象最深的是华师一举办的家长讲座，每两周举办一次，邀请名师大咖和优秀家长做客家长学校，为家长解疑释惑、指点迷津、传经送宝。这些活动都是公益性的，免费参加，这是家长学习、提升的好机会，家长一定不要错过。家长只有不断学习，提升自己，才能跟上孩子的脚步。不然，在孩子成长的道路上，家长只能做一个拖后腿者，而不是一个引领者。

总之，做华师一的家长就是有点不一样。孩子要适应华师一，家长也要适应华师一。家长的思想与华师一先进的教育理念保持同步，才能取得双赢（家校共赢、师生共进）的效果。

党波涛

2024 年 3 月 3 日

目　录

1. 为什么要读华师一

华师一附中，湖北武汉的家长都知道这所学校，指的是华中师范大学第一附属中学，简称华师一。但华师一的学生更愿意叫它华一。所以我的这本书就叫《换个角度看华一——儿子在华一的 3 年》，记录的是我儿子在华师一就读的三年生活、学习情况和一些思考。

为什么要读华师一？

这是很多家长关心的一个问题。其实，这个问题并不难回答。但不同的家长答案可能不同，多数家长的答案可能是读华师一可以考上一个好大学。

我的回答则与之不同。

读华师一最重要的是塑造孩子健全的人格。

蔡元培先生在《中国人的修养》一书中说到：决定孩子一生的不是学习成绩，而是健全的人格修养！

换言之，决定孩子一生发展和幸福的不是考上一所好大学，而是拥有健全的人格。

试想，如果一个孩子缺少对生命的认知（一遇到挫折就产生轻生的念头），没有梦想的能力（自己将来想做什么都不知道），不懂得保护自己（做了博士生依然被人贩子拐卖），无法与别人共享（腰缠万贯却不快乐），那么，即使这个孩子门门功课考第一，又能怎样？

因此，能够塑造孩子健全人格的学校才是真正的好学校。而华师一就是一所这样的高中。

由于升学压力，大部分高中重视的是对学生应试能力的训练，即片面追求成绩。相对而言，学生成长的其他方面被忽视，包括价值观、心理健康等。

这个是可以理解的，高中的第一任务是高考。学生成绩上不去，学校在家长面前就很难有说服力。而学校、老师和学生的时间和精力有限，只能把所有的时间和精力用在备考上。

题海战是最普遍的做法。学生每天刷题，老师每天改卷，这是高中学生和老师的常态。

但从学生成长来看，高中三年又是最关键的阶段。因为 15 岁到 18 岁这个阶段正是一个人思想、兴趣、性格、情感态度、价值观等即人格形成乃至定型的阶段。如果生活里只有刷题和考试、分数和排名，那么就会影响学生人格的形成和塑造，从而形成一些不可弥补的人格缺憾。

但华师一不是这样的，高一和高二几乎就像大学生活一样，各种社团活动、各种社会实践、各种兴趣小组、各种校园文化活动与体育活动，很好地形成和塑造了学生的人格，让学生拥有一个健全的人格。

我儿子在华师一的三年充分验证了其育人观：塑造强健身心、涵养卓越品格、培养关键能力，三者综合就是健全的人格。

关于这一点，华师一官网上是这样介绍的：进入新世纪，学校首倡培养学生关键能力，提出并践行“塑造强健身心、涵养卓越品格、培养关键能力”的育人观，在教育教学实践中着重培养强健的身体素质和心理素质，培养“胸怀天下、洞见未来、敢为人先、坚毅执着”的卓越品格，培养学生批判性思维能力、团队领导能力和自我发展能力等关键能力。

这是真正的素质教育，并且是高质量的素质教育！

“把时间还给学生，把方法教给学生。”这是华师一最有名的两句话，几乎各个教室里都有这两句话。

这是华师一的核心办学理念之一。

不死记硬背，不搞题海战，不逼学生刷题，华师一与很多高中不同。华师一不是不抓考试成绩，而是通过抓素质、品格和能力的培养来抓成绩。

我认为，华师一的素质、品格和能力培养是学生成长的根，华师一的高考成绩则是学生发展的果实，即成绩是提高素质、涵养品格、培养能力之后自然而然获得的东西。

人格塑造与考试成绩是本与末的关系，本末不能倒置。但一些高中完全是反的，上来就抓考试成绩，并且是只抓考试成绩，其他一概不管不问，本末倒置，只能是失败的教育。

华师一为何能做到？

有人说是因为华师一的生源好，不用再去抓学生的成绩了，学生怎样都能考好。这种说法是不负责任的，也是不了解华师一的片面臆测和武断结论。

第一，华师一有一套科学先进的育人理念和育人体系，即有一系列的制度作为保障。

第二，华师一有一支认可这种教育理念并且能够落实执行这种理念的师资队伍，即这支队伍拥有跟华师一科学先进理念相匹配的一系列育人能力。

第三，华师一有几十年来形成的育人文化氛围和底蕴。作为百年学府华中师范大学的附属中学，华师一办学历史悠久，文化底蕴深厚，育人始终是其底色。

第四，华师一有一脉传承的卓越校长。校长即学校，学校即校长。华师一一代又一代的校长，能够把华师一的优秀基因传承下来并且进一步发扬光大，让这种优秀的基因一直保持领先和优秀。

正因为此，我的儿子一定要读华师一！

而事实证明，华师一配得上这样的赞美。儿子说，华师一给予他的不是一张重点大学的入场券，而是一把探索世界的金钥匙。

2. 儿子的初中生活

2013 年 8 月 15 日，在网上顺利完成儿子读高中的信息注册，正式宣告初中生活的结束，他马上就要迎来崭新的高中生活。回顾儿子初中三年的生活，有几点印象比较深刻，值得总结一下。

一是成绩。这个是绕不过去的。虽然我一直主张“看淡成绩，看重成长”，但成绩是孩子成长中比较重要的一部分。注册信息要填报几个关键阶段的成绩和排名，于是我就在抽屉里翻出了保留下来的成绩单。

有两张成绩单对比明显，一张是初一的成绩单，一张是初三上学期期中的成绩单。初一时儿子几次重要考试的成绩总分班内名次是 26 名，总分校内名次是 195 名。这个排名只能算是中等偏上一点的成绩，全年级 500 多名学生，班内近 60 名学生，儿子所在的班是所谓的快班，不是最好的火箭班。

不过儿子初一的成绩趋势一直是向上的，初一上学期期中校内名次是 348 名，初一上学期期末校内名次是 269 名，初一下学期期中校内名次是 192 名。初二的成绩单没有找到，儿子初三上学期期中班内名次已跃居 13 名，校内名次是 121 名。还有一张初三 4 月调考的成绩单，儿子班内名次是 12 名，校内名次接近 100 名。整个初中三年，儿子没有上辅导班，完全靠他自己学习，一开始成绩并不是很突出，但他的学习一直在进步。我相信，到高中后他的成绩仍然会保持不断向上的趋势的。

这就是我要总结的第一条，给孩子足够的发展空间和后劲，不要一开始就把这个空间和后劲用完了。什么是孩子的发展空间和后劲？就是给孩子足够的自由支配的时间，不要把孩子的时间都填满，让孩子没有一点喘息的机会。这样做很多父母会不放心，认为只有把孩子所有的时间和空间都填满，孩子才能学好，才能拔尖。但殊不知这样做的结果，是剥夺了孩子自我管理、自主学习的能力。一切都是安排好的，课堂上有学校老师，课堂外有补习班，孩子没有自我管理、自主学习、自主发展的时间和机会，更谈不上自身潜能的发挥和兴趣的培养了。

二是兴趣。与纯粹的考试成绩相比，我比较看重这个。我说过，将来孩子无论干什么工作，都是为了生活。在我们父母眼里或者传统观点判断，一些工作可能是很好的，能够给孩子带来幸福的生活。但每个人都是独特的个体，其他任何人都代替不了他。幸福不是别人说了算的事情，而是每个人自己的感觉和判断。

兴趣是什么？我认为兴趣是一个能够给人带来幸福的东西。兴趣广泛的人与没有兴趣的人相比，前者的生活肯定有意思得多，丰富多彩得多。从大的方面来说，工作也可以是人的一个兴趣，所以那些干自己喜欢的工作的人幸福感很高，因为工作就是他的兴趣，兴趣就是他的工作。如果一个人去干自己一点都不感兴趣的工作，那是一种折磨。当然，这种人如果有自己的其他兴趣，生活仍然是多姿多彩的。

对工作不感兴趣，但可以过得去，能够胜任，那么工作之外就可以干自己喜欢的事情，即兴趣。这样我们仍然会拥有很多快乐的时光，生活不显得枯燥乏味像一潭死水。

除了学习之外，儿子喜欢的东西很多，但初中三年他投入时间和精力最多的是篮球。可以说篮球已成为他的最爱，每天不摸下就手痒痒。只要是篮球上的事，无论是他跟同学玩，还是代表班级参加比赛，我都没有阻止他，相反我会尽量抽出时间跟他一起打篮球。

由于篮球的兴趣，儿子的初中生活很快

乐，虽然学习压力很大，但打一场篮球所有的压力都烟消云散了。由于篮球的兴趣，儿子的身体素质很棒，胳膊甚至胸部都有了肌肉块，看上去比我健美多了。由于篮球的兴趣，儿子的心理素质也很好，他内心充满阳光，性格活泼开朗，跟什么样的人都可以交流，抗压能力就不用说了。

三是独立。与成绩、兴趣相比，我认为独立精神最重要。孩子如果具备独立的精神和能力，那么他一定会安排好自己的生活，让父母省很多心。其实，独立精神要从刚出生的娃娃抓起，到初中再培养就迟了。但并不是说幼儿时期重视独立精神的培养，后面的阶段就不重要了，它们是一样重要的。

这里我只说下初中，儿子一直比较独立，从学习到生活，都是这样的。他的学习都是靠自己，我们很少辅导，因为很多东西我们也辅导不了。生活方面更是这样，他的事情尽量让他自己去做。比如上学，初中三年都是他独自一人骑自行车去的，我们没有送过一次，也没有接过一次。当然，这与我们家的条件有关，我们没有私家车。这也与我们家与学校的距离有关，我们家离学校只有两站的路程，不是太远，路况虽然复杂，但只要遵守交规，加强安全教育，是不会有问题的。说到遵守交规，儿子特别严格，有时我会闯红灯，但他是不会闯的，一定要等到绿灯亮才走。

这还与我们的教育主张有关，尽量多让孩子独立自主地干自己的事情，早一点独立早一点受益，多一点独立多一点好处。独生子女的时代，很多父母“不放心”，从衣食住行到上学接受教育，都要代替孩子安排好一切，但早晚有一天孩子要离开我们独立生活，如果不培养孩子的独立精神和能力，离开我们的那一天他能够独立吗？

如果孩子没有独立的精神和能力，这才是做父母的最大的不放心，恐怕一辈子都不能放心了！我不是主张所有的家长都让孩子骑自行车去上学，而是要根据自己的家庭情况，把孩子自己能做的事情还给孩子，不要代替孩子做，不要什么事情都帮助孩子做。否则，孩子就是不能独立迎接风雨的温室花朵。

四是健康。这个是不能不说的，虽然我在前文中说了，儿子的身体素质和心理素质都比较好，但是如果我们不注意，孩子的身体和心理仍然会出毛病。

初中正是孩子的青春期的开始，身心健康教育很重要。现在是一个网络信息时代，稍有疏忽孩子就会出现健康问题。孩子上网是不能禁止的，只能正确引导，但控制上网时间是很有必要的，尤其是一些特别喜欢玩网络游戏的孩子，一定要控制时间。我们的要求是，儿子在双休日和节假日上网玩游戏一天不能超过两个小时，平时是不准玩游戏的。

除了上网玩游戏，还有网络文学对孩子也是一个很大的诱惑甚至伤害。从小学到初一，我一直引以为豪的是儿子的视力很好，一点没有近视。但初三一开始他的视力就有问题了，到医院检查近视 150 度。没办法，我们给他配了眼镜。究其原因，是因为初二的一段时间，他迷恋上了网络小说，天天晚上躲在被窝里用手机看。

因为我们一直对儿子比较信任放心，所以没想到他会用手机看小说。我们发现之后，每天晚上睡觉前都会没收他的手机，不能带进卧室。对身心有害的事情，是没有任何商量余地的，这个是原则问题，不能讨价还价。只要发现，父母就要严格禁止。

无论如何，儿子的初中生活已经过去了。很多经验或者教训值得总结反思，我会找时间跟他好好聊聊初中三年的得与失，有哪些经验教训值得汲取。总结过去是为了更好地过好现在和未来，我们和他一样期待有一个出彩的高中三年。

3. 儿子做了手术之后

趁着暑假期间，儿子做了一个小手术，虽然不是一个大手术，但打麻药、缝针等一样都不少。那天儿子进手术室时，我们的心一直悬着。一个小时后，儿子从手术室出来。看着儿子淡定的表情，我们悬着的心才放下来。医生说，手术之后要卧床静养。所以，热爱篮球的儿子只能暂时把篮球放下了。

术后三天是必须卧床休息的，这样伤口恢复才会快一些。躺在床上身子不能动，但胳膊、手可以动，于是儿子就把四卷本的《笑傲江湖》放在了床头。因为电视正在热播新版《笑傲江湖》，儿子看了几集，想看看原著是怎么写的。

卧病在床正是读书时。读完《笑傲江湖》，儿子又看了《平凡的世界》，这是普及本，但也有 40 万字，把原著的精华基本保留了。儿子看得很投入，小说中两个主人公孙少安和孙少平的形象吸引着他。尤其是两个人物不屈服命运、为改变命运而顽强奋斗的精神打动了他。

《平凡的世界》是一部影响了几代中国青少年的当代文学名著。这期间，我也跟儿子一起读了普及本的《平凡的世界》。十几年前，也是十几岁时，我读了全本的《平凡的世界》，当时心潮澎湃，久久不能平静下来。一个是自己跟主人公一样也是农民的孩子，另一个是小说中的很多生活场景自己都经历过，所以读完后印象特别深刻。对我影响尤为深刻的是，小说主人公不怕艰难困苦为改变命运而战的精神成为我前进的力量。再读这部名著，我内心依然感动、感慨。一些东西是永恒不变的，无论时代怎样变迁，我们都需要，比如友情、亲情、爱情，比如坚强、感恩、孝敬。所以，我相信《平凡的世界》会影响儿子，让他懂得劳动是这个世界上最值得骄傲的事情。

4. 生活能力第一

人们所做的一切都是为了生活，或者为了更好的生活。学习、工作、交友、旅行等都是为了生活。儿子马上就要读高中了，学校提倡所有学生住校。于是，我们就到超市给儿子买生活必需品。

在一个新的地方开始全新的生活，一些生活用品是必不可少的，床上用品、蚊帐、热水瓶、饭碗、脸盆、雨伞、洗漱用品等。这些都是生活离不开的，所以叫生活必需品。有些东西没有，我们可以照常生活，但生活必需品却不能少。否则，就会影响我们的生活。比如牙膏、牙刷，很不起眼的东西，但却是我们生活必不可少的。

生活必需品好准备，只需要到超市采购就可以了，但是要管理并使用好这些生活必需品就需要生活能力了。同样的生活环境，不同的人生活状态却不同。有的人生活安排得井井有条，一切都是合乎科学的。但有的人就不行了，东西放得乱七八糟，要用什么东西翻箱倒柜都找不到。这是生活能力的差别。有的人生活能力强，可以在一个全新的环境中迅速适应生活；有的人生活能力弱，到了一个陌生的环境完全不知所措。所以，要想过好的生活，我们的生活能力必须强。

生活能力不是一天两天就能培养的，而是平时就要下功夫培养的。城市独生子女最大的问题就是不重视生活能力的培养，只要是生活方面的，一切不让孩子动手，全部由父母来代替完成。孩子的任务只有一个：学习。殊不知这样长大的孩子，生活能力极弱。一个人没有生活能力，学习再好也不会有好的生活。生活能力是第一能力。作为父母，我们要高度重视，从小就要注意培养孩子的生活能力。

自己的事情自己做，这是一种很好的培养孩子生活能力的教育理念。但是我们往往忽略了它，总认为一些事情孩子不做也可以，没有什么大不了。但当面临独立生活的那一天，一些孩子就会感到手足无措。所以，有的孩子读到本科、硕士、博士，毕业了却不会生活，空有一肚子学问，生活却一塌糊涂。我们不能代替孩子生活，每个人都必须过属于自己的生活。

生活必需品不可少，但生活能力同样重要，甚至生活能力比生活必需品更重要。我相信，生活能力比较强的儿子一定会开创自己美好的高中生活。

5. 一附中竟然是这样的

今天在群里看到班主任的留言，下午 5 点可以到学校看下军训的孩子。于是我们就准时赶到美丽的一附中，田径场上，高一 1500 多个孩子正在教官的指挥下训练。看台上站满了家长，有的在寻找自己的孩子在哪里，有的在给军训的孩子拍照。

电话里儿子说高中生活很好，比家里还舒服呢。这是出乎我意料的。当然，儿子说的是心里话。在家里没有同龄伙伴，只有跟父母家人在一起。孩子们是喜欢集体生活的，同龄孩子在一起有共同语言。儿子这样说，我们就放心了。儿子的独立能力比较强，小学四年级他就离开我们十天到北京参加文明礼仪夏令营了。

广播里说，由于天气炎热，军训是下午 4 点才开始的，所以要到 6 点半才能结束。看望的家长只能在田径场的看台上等，不能到田径场里去影响孩子们训练。虽然有很多家长观看，但孩子们似乎并没有受到影响，都在教官的指挥下全神贯注地训练。

6 点 20 分，看台中间主席台上军训总教官讲话，各班停止训练列队聆听。总教官表扬了训练好的班级和大家的吃苦精神，同时指出不足和需要改进的地方。接着是一附中某主任的讲话，这位主任首先表扬了各班教官、学生和跟班训练的班主任。他说，一附中是有文化底蕴的中学，大家来到这里在一起开始新的人生征程。班主任跟大家在一起，学校管理干部跟大家在一起，学校所有工作人员跟大家在一起，军训教官跟大家在一起，还有家长跟大家在一起。这就是爱，这就是温暖，这就是力量。主任话音一落，雷鸣般的掌声就响起来。

军训结束，各班解散。我们看到了儿子，才几天军训他已经晒得黑乎乎的了。他说一切都好，身体各方面都没有问题。我问手术影响不影响军训，他说不影响，都好好的。听他这样说，我们放心了。有的孩子身体素质不好，儿子寝室里就有一个，军训第一天就晕倒了两次。在寝室里，孩子们在一起很融洽。毕竟，他们是十五六岁的孩子，对他们来说一切都是充满希望的。

爱，在一起，一附中主任的讲话给我留下了深刻印象。领导和孩子在一起，老师和孩子在一起，教官和孩子在一起，家长和孩子在一起。人在一起，心在一起，当然爱就在一起。在一起，一个眼神、一个动作传递彼此的关心，这就是爱。一所有爱的校园，必然会孕育出充满爱心的向阳花朵。

6. 给孩子留下一些快乐时光

谁都知道，我们跟孩子在一起的时光是非常有限的。所以，我们要格外珍惜跟孩子在一起的时光。在一起，就要让孩子快乐，给孩子留下一些快乐的记忆。遗憾的是，很多父母并没有做到这一点，出了校门又逼迫孩子走进各种培训班的大门，除了上学、上培训班，没有给孩子留下多少快乐的时光。

一个天天快乐的孩子，肯定是一个阳光积极的孩子。快乐不仅是一种心情，更是一种能力。快乐这种能力也要从娃娃抓起，从小培养。虽然学校生活比较沉闷枯燥乏味，除了上课就是作业，除了考试就是训练，但家庭里完全可以给孩子多一些开心和快乐。

8 月 31 日，是儿子军训的最后一天，上午 10 点，校医突然打电话来说他发烧了，要抓紧到医院看下。多少年来一直没有生病的儿子竟然发烧了，我们还是有点意外和惊讶。后来知道他晚上没有盖被子，寝室里一直开着空调，加上军训比较劳累，受凉感冒引起发烧。

中午，在社区门诊挂了两瓶吊针，休息一下，儿子就好了。从 8 月中旬做了手术到开学军训，儿子一直没有能打上篮球，所以他心里一直在想着这事呢。他跟我说要打下篮球，于是 9 月 1 日下午 5 点，我带着完全康复的儿子去中南民族大学找他师父了。

一场篮球打下来，儿子非常开心。在师父的指导下，他的各项技术有了质的变化，完全是一个很专业的业余球手了。打完篮球，到民大附近一个遵义羊肉粉店吃了正宗的羊肉粉，儿子和师父又聊了很多篮球上的事情，还有高中的新鲜感受。能跟自己崇拜的师父畅聊，对儿子来说也是一件很开心的事情。

吃完羊肉粉，我们直接去了电影院，看了正在热映的 3D 版《了不起的盖茨比》。这部片子剧情不是很复杂，但是意味深长，能给人很多思考。国外的一些电影就是讲究艺术性和思想性高度融合，没有说教，但你已经被洗脑。走出影院已经快 11 点了，迎着夜晚的阵阵凉风，我们的心情是那样愉悦。

我认为，9 月 1 日下午 5 点到晚上 11 点的这段时光就是美好的。篮球、羊肉粉、电影，给我们带来了多少快乐的记忆。孩子的成长需要这样的快乐时光，有这样的快乐作为生活背景，孩子的读书学习也一定会美好的。

7. 高中还要不要上培训班

孩子到底要不要上培训班？很多父母问过这个问题并且为之纠结。我的回答是：如果孩子学习自觉，那就没有必要上培训班。

当然，这样的回答很多父母是不愿意接受的。我的孩子学习很自觉，但别人的孩子都在上培训班，我的孩子不上怎么能行呢？如果这样想，那就是一种攀比心理，实在没有必要。其实，中国很多父母让孩子上培训班都是这样的心理：大家都上了，我的孩子也要上。这是一种心理安慰，培训班的作用究竟有多大，对孩子的发展有没有帮助，很多父母是不深究的。

所以，我一直认为，各大城市培训班火爆是中国家长对孩子过高的期望造成的。培训班抓住中国家长的这种心理，让孩子领先于别的孩子，让孩子成为最好的，让孩子赢在“起跑线”，让孩子出人头地。我们都没有静下来好好想一想：那么多孩子都上培训班了，你的孩子怎么领先于别的孩子？怎么成为最好的？怎么赢在“起跑线”？怎么出人头地？与其这样，还不如不上培训班，培养孩子自觉学习、自主管理、自我教育的习惯和能力，即培养孩子独立自主的习惯和能力。

培养孩子独立自主的习惯和能力，说起来容易，但做起来难。尤其是错过了培养的最佳时期，再去培养就更难了。培养孩子独立自主的习惯和能力的最佳时期是幼儿园和小学的早期阶段，具体到年龄就是 3 岁到 9 岁这个时段。其实，我们很多幼儿园的教育理念是正确的，即自己的事情自己做。但我们很多父母没有在意，没有把这种精神坚持贯彻下去。

自己的事情自己做，指的是孩子所有的事情，无论是生活、学习还是交际等，只要是孩子自己的事情，我们父母都不要代替孩子去完成。然而，事实是中国父母只重视孩子的学习，即使是学习也没有做到让孩子自己去做，而是代替孩子去完成。生活上的事情，就更不用说了，一切都是家长代劳，孩子根本不用操心。结果是，孩子独立自主的能力缺失。离开父母，孩子成了什么都不会的人。

如果孩子成为这样的人，什么都要靠父母，没有父母就不知道怎么生活、怎么学习、怎么交际，那么这样的孩子即使上培训班恐怕也没有多少用。独立自主是孩子教育成功的重要标志。无论怎样，你的孩子在很多方面是独立自主的（不说在所有方面了，这样的人几乎不存在），那么培训班是一点也不需要去的。不仅培训班不需要去，孩子在学校、在家庭的学习、生活也是不用父母费多少心的。

这样的例子很多，一些父母在孩子教育上没有费多少心，但孩子各方面都很好，其原因就是孩子具有独立自主能力。当然，不是这些父母没有费多少心，而是懂得如何抓住关键期培养孩子独立自主的习惯和能力。很多中国父母总认为：孩子是属于我们的，是家庭的。但我们一定要改变这种想法，孩子不是属于我们的，是属于他自己的。到了一定的时候，孩子必须离开我们独立自主地去生活。所以，我们不需要让孩子非得怎么样怎么样，只需要让他能够独立自主就可以了。

老鹰把小鹰推出温暖的鸟巢，这不是老鹰对小鹰无情，而是生存的必需。小鹰能够独立飞翔，必须早点离开老鹰的怀抱。我不主张父母都做鹰爸鹰妈，但我们必须要学习这种放手让孩子独立的精神。该放手时必须放手，该狠心时必须狠心。孩子幼小，正是需要父母疼爱的时候，但也正是培养其独立自主能力的最佳时期。娇生惯养少一点，独立自主就多一点。独立自主多一点，父母就会省心，孩子就会健康。不要再迷信培训班了，及早培养孩子的独立自主能力才是唯一正道。

8. 我给儿子讲两个名人的故事

上个周末，我给儿子讲了两个名人的故事——一个是法国伟大的启蒙思想家、哲学家、教育家、文学家卢梭，另一个是现代中国画家石鲁。两个人有共同的特点，一生坎坷，历经磨难，但意志顽强，永不屈服。磨难成就了卢梭和石鲁的伟大非凡。

古今中外，道理都是一样的。逆境造就人才，磨难成就非凡。早在两千多年前，孟子就在《生于忧患，死于安乐》中告诉世人："天将降大任于是人也，必先苦其心志，劳其筋骨，饿其体肤，空乏其身，行拂乱其所为，所以动心忍性，增益其所不能。"不要畏惧生活中的磨难，不要害怕人生中的坎坷。磨难可以锻炼我们的意志，让我们更加顽强；坎坷可以锤炼我们的品格，让我们更加坚定。战胜磨难，磨难就是成长的基石；踏过坎坷，坎坷就是进步的阶梯。

9. 让孩子的思想能够自由飞一会

周六（2013 年 9 月 14 日）上午 11 点去学校接儿子，校门口到处都是发培训班广告的，接孩子的家长手里都拿着厚厚一摞。我还没有把车子放好，递广告的就过来了，我不想接，因为我对这个不感兴趣，但发广告的只管往我手里塞。出于礼貌，我还是拿住了。

站在树荫里，没什么事，怪无聊的，我就把广告拿出来了。这个培训公司名叫"华一校外课堂"，什么"重点提示""郑重承诺"，无非是夸他们培训班好，教师水平高，授课质量优。尤其吸引人的是 2013 届光荣榜，学生姓名、学校、辅导前总分、辅导后总分、5 月调考总分、高考总分，所列的无一不是考上重点大学的，极为诱人。我相信，很多家长看了是会动心的。

但我最关注的是他们的排课时间，新高一课程具体安排：周六下午

1 点半至 3 点半数学；3 点 40 分至 5 点 40 分物理；6 点半至晚上 8 点半化学。周日下午 1 点 20 分至 3 点 20 分语文；3 点半至 5 点 40 分英语。高二、高三就不写了，都安排得满满当当的，没有一点空余时间。儿子刚上高一，他们上周六开始补课，周六上午补习半天，中午 12 点放学可以回家，然后在家里休息到周日下午，6 点半必须赶到教室里上晚自习。

看看这个培训班的排课表吧，他们紧盯住学校的上课时间。周六上午 12 点放学，一个半小时后，培训班紧接着 1 点半就开始培训了，一直到晚上 8 点半结束。这样的安排，孩子哪还有一点休息时间？再看看平时孩子的上课时间吧，早上 6 点半起床，上午连上 5 节课，中午加上吃饭只有 1 小时 50 分钟，然后下午接着上课一直到晚上 10 点下晚自习，10 点 20 分熄灯。

这种安排满满当当，一周每天都是这样，再到周六上午半天补课。如果再去上培训班，孩子真是没有一点自由的时间了！文武之道一张一弛。就像一根橡皮筋，一直拉着不放松，那么要不了多久，橡皮筋的结果只有两个，一个是失去弹性，另一个就是崩断。跟学习相比，休息一样重要。没有好的休息，就没有好的学习。休息不好，学习必然会受影响。

给孩子一点时间，让孩子的身体和心灵自由放松下，让孩子的思想能够自由地飞一会，那么孩子身心会更健康。只有学习而没有休息，只有上课而没有娱乐，这样做累的是孩子，伤的是父母。我们一定要抱定一颗平常心，给孩子一点自由的时间，让他们能够放松自己的身心。不要让孩子只埋头看书做题，也要让孩子抬头看看云卷云舒。

相信孩子，给孩子自由，他是不会浪费这个自由的。我相信，给孩子一点自由，孩子会更好。小学、初中，儿子都没有上课外培训班，但他各个方面一点也不差，尤其是学习，后劲十足，爆发力惊人。孩子身体、心理、思想、精神、学习等各方面都好了，才是真正的好。

10. 中秋节，儿子把他的同学带回家

2013年9月19日，中秋节，全国连休三天。儿子的学校也不例外，同样是三天假，一天也不补课，真好。家长群里通知说，18日下午3点放学，家长可以到校接孩子。18日下午2点多，我正准备去接儿子，他借用同学的手机打电话告诉我，他跟另外两个同学一起到我们家，他们坐公交回来，不要我去接了。

原来，他们学校规定，长假期间学校宿舍不留宿学生，武汉的学生可以回自己的家，那么湖北外地的学生只能回家或到亲戚家里。当然，到同学家里做客也是不错的选择。儿子带回的两个同学，就是家不在武汉的。我知道，儿子宿舍里住了三个家在武汉之外的，一个是海南的，另外两个是下面县里的。

直到下午5点，他们才赶到家里。他的同学一个是青山的，来我们家玩一下；另一个是咸宁的，父母都在浙江打工，老家没有人，所以儿子就邀请他到我们家过中秋。东西放下后，儿子找我要两百元钱就带着他们出去了，他的计划是先去初中看看老师，然后去光谷吃晚饭、玩一下。

几个同龄的孩子在一起，玩得忘乎所以。一直玩到晚上10点都过了，儿子才带着两个同学回来。洗澡、上网、聊天，他们又玩了两个小时，12点多了才休息。一个同学跟儿子在一起睡觉，另外一个同学就在客厅里临时放的单人床上睡觉。

19日，几个孩子起床还比较早，7点多就起来了，三个人在书房里读书学习。早饭后，他们先各自做了一会作业，然后就在一起玩起三国杀来。因为之前家里没有这么多同龄伙伴，所以儿子一直很兴奋，当然主要是开心。

上午11点多，青山的同学要上培训班，我们先把他送走了。中午包的饺子，儿子擀面皮，他妈妈包饺子。中午吃饺子是我们老家过中秋的习俗。吃完饺子，咸宁的同学要到武汉另一个同学家里去。另一个同

学极力邀请他过去玩，所以儿子就送他去了。

友爱中秋，中秋有爱。让不能回家的同学在自己家过中秋，这是很温情动人的中秋。如果有这样的机会，我们都要格外珍惜。

11. 儿子竟然参加了两个学生社团

周三下午是孩子就读高中开放的时间。在这段时间里，家长可以到学校看望孩子，主要是给孩子送一顿可口的晚餐。这种做法很好，也是开放办学的具体体现。当然，并不是所有孩子的家长都去送饭，全校那么多学生，只有一小部分家长去送饭。

昨天下午，我去学校给儿子送饭。我 4 点 40 分出发，5 点多到校。与往常一样，我直接提着饭盒到他们宿舍了。宿舍总共 5 个孩子，除了儿子不在里面，其他几个都在，有的在打电话，有的在吃饭，有的在看书，有的在洗衣。我问“小党呢”，他们说“在球场呢”。我把东西放在了儿子的书桌上，让几个孩子转告，我不再等他了。

走出宿舍，我骑车到了他们的球场，我还是想看看儿子在球场上的风采。偌大的球场里，北侧是几个排球场，叫好声、加油声震天响，场子周围站满了人，不是学生，而是老师。我走近观看，排球比赛正在激烈进行。可能是老师们在参加排球比赛，无论场上的老师，还是场下的老师，都很投入、很享受、很热情。这让我想起了大学校园里大学生的排球比赛，他们的激情一点不亚于大学生的排球比赛。

我站在旁边看了一会，很为老师们昂扬向上的精神状态感动。校园本应该是这样的，不能都是读书声，不能天天都是考试，更不能把老师和学生的时间精确到几分几秒。应该给予老师和学生自由的时间，应该让老师和学生都轻松面对校园生活。有什么样的老师，就有什么样的学生。如果老师对生活没有激情，那么又怎能培养出对生活充满激情的学生呢?

排球场的隔壁，是学生打篮球的天地——篮球场。孩子们正在那里打篮球，我在一个场子里找到了儿子，他正在跟另外几个同学打比赛。我喊了几声，他才听见，时间已经快 5 点半了。他对另外几个同学说不打了，就拿着书包过来了。我对他简单说了带的东西，问了几句，他就匆忙回宿舍去了。因为到了宿舍，他还要洗澡，还要洗衣，还要吃饭。

儿子的独立性一直较强。他初中在家里，虽然自己很少洗衣，但到了高中，他的衣服再也不让我们洗了。每次周三去送饭，我们要帮他洗衣，他都坚决拒绝了。这是集体生活的好处，因为大家都是自己洗衣。自尊心强的孩子当然不愿意父母在宿舍里帮他洗衣服了。我们为儿子的健康快乐成长而欣慰。我们不奢望他成为考试的前几名，我们只希望他健康快乐地成长。我们不奢望他考什么名牌大学，我们只希望他能够在高中留下美好记忆。

儿子报了两个社团，课外实践课是篮球，课外社团是音乐社。一个篮球，可以让他的身体强壮，以应对高强度的高中学习；一个音乐，可以让他的心情放松，以消除高负荷的学习压力。一切按照兴趣来，喜欢什么就去做什么，只有这样，孩子才会学得开心、学得高效、学得有趣。

望着儿子远去的背影，我也骑上车子回家。这时从艺术楼里传来乐队的演奏声，节奏感很强，充满动感、力量和激情。这可能是他们的学生乐队在排练，我也很享受。有乐声，有运动的喝彩声，有各种各样的课外活动，老师和学生都参与其中，其乐融融。

依昨天所见，孩子在这样的校园里学习，我们放心了!

12. 深受教育的家长会

2013 年 11 月 16 日，儿子读高中后的第一次家长会，班主任做了精心策划和准备。家长会内容丰富、形式新颖，我深受教育。

下午 1 点半，家长会准时开始。班主任用 PPT 介绍了班级情况，各个任课教师姓名和联系方式、班级人数及男女生比例、开学以来获得的一些荣誉、各个宿舍的文化特色、各类课程、社团文化。尤其是介绍各个宿舍的文化特色时，班主任用 PPT 展示了很多孩子们的宿舍生活照片，给家长留下深刻印象。

接着是两位家长代表分享了与孩子共成长的心得体会。两位家长做了精心准备，教育理念科学先进，给大家留下了深刻印象。我相信，很多家长也会从中学到很多东西。

两位家长讲完，班主任接着介绍学校和这次期中考试情况。学校分为四个等级，高分班、平行班、国际部、留学班。目前高考各科分值，语文 150 分、数学 150 分、英语 150 分、物理 110 分、化学 100 分、生物 90 分，总分 750 分。这次期中考试只有 8 个学生各科过了重点大学线，班里第一名在高分班里只排到第四十名。很显然，成绩差距很大。

班主任总结了学生存在的八大问题：信心问题、毅力问题、勤奋问题、静心问题、规划问题、规范问题、落实问题、手机问题。班主任又总结了家长的五大误区：（1）孩子上了高中，家长大功告成。建议是关注孩子身心健康，长假、短假多陪孩子。（2）教育理念陈旧，未能与时俱进。建议是多和老师沟通，多看教育书籍。（3）失去原则和立场，过分姑息与迁就。建议是宽而有度，严而有方。（4）轻松学习，赢得高考。建议是积极探索学习方法，做好攻坚克难准备。（5）单线联系，片面了解。建议是多线联系，全面把握。

为了检查家长会效果，班主任最后出了五道抢答题：（1）各任课教师姓什么？目的是多跟任课教师联系沟通。（2）班级人数及男女生各多少人？目的是关心班集体。（3）军训时多少学生获“标兵”？请说出5个学生的名字。目的是不仅关心自己的孩子，还关心别的孩子。（4）团支部有哪6个成员？目的与第（3）道题一样。（5）各科过重点大学线的8个学生的姓名是什么？目的跟第（3）道题一样。

班主任主持的家长会从1点半持续到4点半，整整三个小时。接下来的时间是各个家长根据自己孩子的成绩到各任课教师办公室去找老师交流咨询，让各任课教师指导。

这次家长会开得真好，不仅让家长了解了自己孩子的情况，明确了下一步努力的方向，而且拉近了学校与家庭的距离，增进了老师与家长的感情。孩子成功的背后是学校和家庭、老师和家长的共同付出和倾情合作。今天的家长会是一个良好的开端，为了祖国的未来，大家一起努力吧。

13. 儿子参加了阳光义卖活动

两周前儿子就对我说过，他要参加学校组织的阳光义卖活动，为贫困学生募捐。届时，他要在舞台上献唱一首歌，因为他是音乐社成员，活动时他会跟音乐社其他同学一起登台合唱，这是一件很有意义的事情。我们听了非常高兴，这样的机会非常难得，所以非常支持他参加这样的活动。

阳光义卖是一附中的品牌活动，每年都要在街头举办，已成惯例。今年的阳光义卖定在2013年11月24日上午，但天公不作美，从昨天下午开始，寒风夹着冷雨突袭这个城市。温度也陡然下降，走在风雨里让人不寒而栗。

华灯初上，雨下得更大了，我问儿子阳光义卖活动下雨了还搞吗，他说风雨无阻。所以，儿子非常认真地准备义卖现场要唱的歌。虽然11点才上床睡觉，他还是要我们第二天早上7点之前叫醒他，因为要赶到离我们家较远的水果湖去。在儿子眼里，这是一个很重要的活动，不能迟到。

早上6点45分，我就起床了，然后喊儿子。我决定跟他一起去，起初儿子不让我去，但在我的坚持下，他还是同意了。雨下得很大，冷风嗖嗖，我们每个人打一把伞就出发了。在小区早点铺子里每人吃了一碗热干面，喝了一杯豆浆，我们就乘坐公交往水果湖赶了。路上比较顺利，因为天气太冷了，又下着雨，车子不多。

我们不到8点半就赶到水果湖。在儿子说的武商量贩前并没有义卖的场地和标识。儿子让我去新华书店看看，他去找同学。8点半，书店还没有开门呢。我就沿着步行街转转看看，走了一百多米看到了一个舞台，后面的牌子上写着“阳光义卖”几个大字，主办单位正是儿子就读的学校团委。那里已站着十几个同学，还有不少同学正抬着箱子往舞台走去。于是，我就去武商量贩找儿子，告诉他义卖的地方。

刚走到步行街铁栅栏出口，儿子已经和另外一个同学一起走过来了。他已经知道了义卖的场所，我就到附近的书店看书了。在书店一楼的哲学区，我翻看了一些最新出版的哲学类书籍，发现一本名为《爱的历史》的书。这本书很不错，我记下书名打算在网上买一本。后来我又在名人区看到《网络帝国的王者》，讲的是美国脸书创始人的故事，很棒的一本传记，我也记下了书名。

在书店待了大约半个小时，感觉义卖活动该开始了，我就走出书店往义卖现场走去。那里已经聚集了上百人，多数是一附中的学生，也有老师。舞台上的红地毯已经铺好，同学们正在舞台前的步行街上摆放义卖品，大多是同学捐的书籍、杂志和参考资料，也有他们自己编写出版的东西等。

我买了他们的学生刊物《华焰》《极光》，没有定价，他们每本卖20元，因为是义卖，所以不需要讲价钱，买者都是献上一份爱心的。更何况两本刊物办得还不错，可以帮助我了解他们的校园文化。

此外，我还买了他们正式出版的《青春——2011年社会实践文集》和《足印——2012年社会实践文集》。这两本书收录的是高二学生参加社会实践活动的感想体会，由此可以观察这项活动对孩子们的影响以及孩子们的内心世界，值得一看，所以我就毫不犹豫买了。舞台下，阳光义卖在红红火火地进行着；舞台上，阳光义演也热热闹闹地开始了。买了四本书刊，我感觉还不够，于是又到他们的杂志区买了两本《世界文学》，每本 5 元，物超所值。

孩子们为阳光义卖做了精心准备，或许从开学就开始准备了，因为很多书刊都是学生捐出来的，他们要对募捐书籍进行宣传。各种社团的同学则在准备阳光义演，话剧、魔术、舞蹈、歌曲、小品，各种形式的节目都有。我看了下节目单，义演有 26 个节目呢！虽然音响效果不是很好，但演出的同学情绪都很高涨，表演专注认真。有的节目水平相当高，吸引了很多路人驻足欣赏。

多人驻足，负责义卖的同学就高兴了，有的大声吆喝着“阳光义卖，奉献爱心，快来看看，各种杂志……”，有的则拿着募捐箱四处筹款，有的跑到超市门口发放宣传单。我要专门说下宣传单，他们的宣传单就是同学们自己手绘的作品，有的是出淤泥而不染的莲花，有的是绽放的向日葵，这哪里是宣传单啊，简直是艺术品。每幅绘画都饱含着孩子们的爱心，希望为阳光义卖聚人气。我看到很多市民都接过了宣传单，并且走向义卖现场，不说是争先恐后地捐款购书，但很多人还是伸出了援助之手。

我站在舞台旁边，怀抱着一摞书刊，边观看舞台上的节目边观察义卖现场的种种感人场景。我一直相信爱的力量，爱是一种力量，可以驱散阴云，可以赶走风雨。果然，当义卖活动开始的时候，雨慢慢地停了，风慢慢地消失了。等到 11 点多，云开雾散，灿烂的阳光冲破乌云照射下来。慢慢地，天空变蓝，阳光普照大地。早上还风雨交加，阴冷无比，几个小时后风雨消失，太阳露出笑脸，谁说这不是爱的力量使然?!

我再次为一附中坚持举办这样的活动而欣慰，除了上课读书学习考试，也有社会公益义卖义演。今天我们在孩子的心灵中种下种子，明天我们就将在社会上收获果实。今天种下爱的种子，明天爱的树木成林。有爱才有教育，我为阳光义卖叫好！

14. 从两份刊物看一附中的校园文化

文化的力量胜过千军万马，这是在企业界比较流行的一句话。其实在教育领域里，文化的力量同样不可小觑，甚至是教育中很重要的一种力量。文化看似无形，实则入脑入心，深入人的灵魂和血液，成为一种基因永远影响着人的思想和行为。所以，评价一所学校好坏，文化应该作为其中最重要的一条标准。

上周六，在一附中举办的阳光义卖活动现场，我买了几本有关他们的刊物和书籍，分别是两份学生刊物《华焰》《极光》和两本社会实践成果《青春——2011 年社会实践文集》《足印——2012 年社会实践文集》。这几天我抽空认真阅读了这几本书刊，因为我想从中了解这所中学的文化特色和人文底蕴。欣慰的是，在这几本书刊中我找到了答案：一附中是一所校园文化特色鲜明和人文底蕴深厚的学校。

我先读的是《华焰》，这份刊物是团委、学生会和学生媒体中心共同出品的，应该是一附中最权威的学生刊物了。首先，这份刊物的名字就很特别，华焰，应该为一附中的火焰之意。我看封一除了刊物名“华焰”二字之外，还有一句话位居正中，“我们在这里，驶向未来”。封二左下角有一段话：“对于一个学校来说，最重要的莫过于生活在这个学校中的人们，无论是同学还是老师，甚至是路边的清洁工，都面带微笑。你的笑脸，正是华师一风貌最好的展现。”我很喜欢这段话，因为道出了我看一所学校好坏的最直观标准，即生活于其中的人们的精神面貌，他们走在校园里的表情。看看有多少人是笑着的，你就可以断定这所学校是不是一所好学校了。

学校应该是快乐的天堂。偶尔的，周三下午开放日，我去学校给孩子送饭，我走出宿舍楼经过校园，正是孩子们从教室走向宿舍和食堂的时候，三五成群，有说有笑，即使是一个人，我看到他（她）的脸上也是微笑的表情，可能是有什么开心的事，在路上忍不住乐起来。青春校园，每个人都应该是阳光积极向上的，最直观的表现就是面带微笑的表情。即使遇到困难，也要微笑面对。在微笑面前，一切困难都会低头。我认为，中小学里，每个孩子都应该面带微笑快乐地生活、学习。但事实是，很多中学，迫于压力，采取高压式军事化的管理手段，把孩子们变得暮气沉沉、疲惫不堪。所以，从《华焰》封面上关于笑脸的文字到我看到的校园中的微笑，一附中的孩子们是快乐的。虽然压力也很大，但他们心态很好，自信、从容、阳光、向上。

《华焰》中的文章多是在校学生的作品，也有少数家长和毕业生的作品。文章体裁多样，有诗歌、散文、小说，也有摄影、课本剧。我差不多读了每一篇，虽然有的文章风格我不是太喜欢，也有点读不懂，但总体上还是有思想深度和艺术性的。比如毕业生王希翀的《坐着摧城拔寨的青春》、姚雨希的《三更有梦谁当枕》，我就很欣赏，前者以自己学弹钢琴的经历说明“人生需要坐得住”的道理，后者是感叹“今人少有再把书当枕”的现象，令人印象特别深刻。还有《别收起你的好奇心》和《为青春坚守自我的土壤》，有理有据，令人信服。这说明一附中的学生是有独立思考的，能够提出自己的见解。从这里，我们能嗅出学校的文化气息。

《极光》是社团联合会的刊物，刚刚创刊，我拿到的是第一期。这是一份纯粹的学生刊物，如果说《华焰》带有一点官方色彩的话，那么《极光》完全是学生自办的一份刊物。为什么叫“极光”？社团联合会主席在卷首语《因稀有而美丽》中说，极光，因稀有而美丽。我们就是南北极黑夜高空里的极光，带来属于我们自己独有的美丽。“因稀有而美丽”，一下子打动了我。是的，在这个急功近利、众人渴求金钱名利的喧嚣时代，校园也早已不是净土。作为高中，成立那么多学生社团，举办那么多似乎跟高考无关的课外活动，办这样一份对高考并没有多少帮助的刊物，所有这些都是“稀有的”，或者说与世俗格格不入的。但我们需要这样的“稀有”。我不知道创办这份刊物的孩子们是否想到了他们的生存环境和社会风气，但我为他们的这种“因稀有而美丽”的青春志向而击掌叫好！

创刊号《极光》主要展示的是社团联合会旗下的所有社团，有文学社、论政社、民乐社、心理社、街舞社、摄影社、音乐社、文艺创作

社、动漫社、CG社、公益社、电影社、国旗下演讲团、广播台、话剧社、国际关系与对外交流会、足球社、跨文化交流协会、礼仪司等19个社团。每个社团都有几段介绍文字，然后配了多幅活动照片。除了全部社团展示外，还有2013年星级社团社长展示，总共5个，分别是CG社、音乐社、街舞社、论政社、广播台。儿子在音乐社，我为他们获得星级社团而开心。音乐社社长徐可欣的获奖感言写得很棒，“每个社团都是一个自我释放的舞台，让志同道合的人找到更多喜悦、更多知音和更多机遇”“当一直热爱的东西变得具体化，当梦想符合现实，我想这才是社团的真谛”“新的舞台，新的天地，等你开辟”。徐可欣的感言鼓舞人心，给人力量，我很喜欢。此外，广播台江尔迪的获奖感言吸引并打动了我，“我们张口，就是吸引你们的耳朵；我们出场，就是亮瞎你们的眼球”。不得不佩服，这话说得真是有气势啊！初生牛犊不怕虎，自古英雄出少年，确实给人一种后生可畏的感觉。

从《青春——2011年社会实践文集》和《足迹——2012年社会实践文集》两本书，我获知一附中开展社会实践活动已有24年。从20世纪90年代初开始，一附中就开始了社会实践活动。学校每年10月份都会组织高二年级全体学生参加为期一周的社会实践活动，主要内容是：周一徒步拉练30千米，周二参观监狱听犯人做报告，周三打靶训练体验军营生活，周四走进农村干农活，周五开班会讨论心得体会，周六举办军民联欢会，周日返校写实践感悟。《青春——2011年社会实践文集》和《足迹——2012年社会实践文集》就是学生参加社会实践活动的作品集。拿出整整一周的时间，让孩子走进社会、了解社会、认识社会、思考社会，我不知道还有没有其他高中在开展这样的活动，但一附中能够坚持20多年不动摇，不怕影响孩子们的考试成绩，而是让孩子体验真实的社会生活，这种做法和理念值得肯定和赞赏。一周虽短，却影响了孩子的一生。多年之后，每当回忆起高中生活，一附中的毕业生印象最深、感慨最多的也许是掉皮掉肉的艰苦的社会实践活动。他们收获的不仅是对社会的认知，更有对人生的体悟。这种体悟一直在影响他们的人生，永远也忘不掉。我认为，这才是真正的教育。

从社团活动到社会实践活动，在当下，一所高中能够坚持自己的特色，注重校园文化建设，让校园充满文化的气息、人文的精神，这是很不容易的，也是值得效仿的。正如学生刊物一样，我们希望一附中坚持素质教育的这束“极光”，能够像“华焰”一样，星火燎原，照亮神州。

15. 我只愿儿子做一个努力的人

努力总有收获。

这次期末考试，可以用“一鸣惊人”来形容儿子取得的成绩。当然，这与儿子的努力分不开。我经常对儿子说，不要相信什么聪明、天才，再聪明、再天才不努力一样无法取得优异的成绩。学习是这样，做任何事情都是这样。不要太依赖天赋，仅靠天赋不靠努力，谁也不能成功。没有随随便便的成功，也没有随随便便的失败。成功靠的是努力和坚持，失败可能是因为没有足够的努力和坚持。只要努力，我们就会获得成功。

我一直相信儿子，相信他的努力，相信他的付出，相信他的汗水，相信他的坚持。每个人的潜力大与小，与他的努力多与少紧密相连。努力多一点，潜力就大一点；努力少一点，潜力就小一点。为什么我一直相信儿子有潜力，就是因为我相信他是一个勤奋的，可以为理想而不惜付出汗水的人。一直以来，他就是这样的，有自己的理想，有自己的兴趣，有自己的追求，有自己的观点，更有自己的努力和勤奋。这次儿子的小宇宙爆发了，跟他的努力尤其是最近一段时间的超级努力分不开。最近这几个星期，他没有带手机上学，虽然他很喜欢用手机听歌，但他很自觉地把手机放在家里。从这件事上，我看出儿子可以为自己的目标放弃自己的最爱。这是很不容易的，能够这样做的人，没有几个不成功的。

做一个努力的人，离成功就很近。如果还没有成功，那就问问自己是不是做到了“努力”二字。没有努力或者说没有足够的努力，没有成功是很自然的。一时努力只能一时成功，一生努力就可以一生成功。如果人生不努力，就不要怪别人不给你机会，抢你的饭碗。当然有个饭碗是最低级的追求，除此之外，我们还应该有更高的追求。在某方面获得创新的业绩，能够为这个社会作出一点自己的贡献，那么这就更要靠超出常人的努力了。创新不容易，是因为我们努力不够。如果足够努力，我们就能在某方面创新，做出跟别人不一样的东西。

这里我只想对儿子说，这次期末考试只是一个小小的成功，只是对过去努力的一个小结。人生的成功还在更远的前方，所以还要付出更多的努力。努力是一种人生态度，更是一种人生境界。做一个努力的人，成功是自然而然的结果。每个人都要这样，努力奋斗。努力总有收获，超常努力会有超级收获。加油，努力！

16. 我和儿子意外的收获

今年回老家过年，带的书不是很多。自己带的书读完了，只有读儿子带的。儿子带的书也读完了，最后只能在家里翻看万年历了。不过万年历挺好的，从中学到了不少天文历法知识。本来想去新华书店看看，可是到了那里门开着，里面却空空如也，没有开灯黑乎乎的，门口是卖年画的。我问书店搬哪里去了，卖年画的说搬到一条什么路的东面去了。这条路我都没有听说过，肯定是很偏僻的地方。这个新华书店已经有几十年的历史了，自从新县城建设可能就有了。因为地理位置好，位于县城十字街最中心最繁华、最热闹的人气最旺的地段，所以是黄金宝地。由于近年来读书人越来越少，实体书店生意越来越差，所以一些商家就盯住了这个黄金宝地，开始是一点点蚕食，现在最后一小块也守不住了，终于被完全占领了。它陪伴喜欢读书的人几十年，成为很多人的文化记忆，可是突然一下子没有了，心里还是很不爽的。到哪里去看书？经济越来越发达的县城竟然容纳不下一个书店？这与充满希望的新年是多么格格不入啊！

今天是大年初一，农历马年的第一天，上午 9 点多出门，我们一下子惊呆了——漫天大雾，虽然没有达到伸手不见五指，但几米之内却看不到任何东西，这是我们多年来没有看到过的大雾了！我拿着相机拍下了这大雾中的新年、新年的大雾。我想看看大雾中的新年是什么样的，于是就拿着相机沿着主要干道一直拍，一直拍到县城中心最繁华的道路。我想把大雾中失踪的新华书店拍下来做个纪念，所以就一直向着书店的方向边走边拍。在离新华书店只有几十米的电网营业厅门口，我看到了一个骑着电动三轮车卖旧书的小伙子，他正在那里摆摊，把车上的书摆到地上，看来他是刚到的。我把他的书摊拍了下来，然后就蹲在摊子前翻看起来。

小伙子的好书很多，大多是旧版的老书，这也正是我比较喜欢的，于是就把相机装在口袋里开始淘书。小伙子说一年他只卖这一次，后面要想买只能等明年了。小伙子年前从外面打工回来，说没有钱了就把自己的藏书拿出来了。听小伙子的介绍，他是一个爱书的人，我挑的书他都能说上几句，并且很到位。如果不是读过或不熟悉，是做不到的。小伙子比较实在，没有乱要价，当然看在我是第一个顾客的份上。我选了《荀子简注》《吕氏春秋选注》《孙子兵法新注》《周易》《历代诗词名句辞典》《情史类略》《神曲》《简明文学词典》《中国古代小说百科全书》等 14 种共 16 本，总共花了 136 元。小伙子说他不是专门卖书的，没有塑料袋，所以我只能抱着一大摞书往家里走。

这真是一个意外的收获。我感谢这场大雾，把我吸引到县城中心消失的新华书店附近，虽然没有走到新华书店，但我内心非常知足。我感觉我抱的不是一摞书，而是一个读书人的梦想。我感谢卖书的小伙子，把这么多好书在新年第一天拿出来，在武汉旧书摊上还没有看到过这么多我喜欢的好书！

17. 父母要与孩子走走心

最近《中国好歌曲》火了，我们全家都喜欢这个节目，尤其是喜欢唱歌的儿子。几个导师都比较牛，不过给我印象最深的还是杨坤。《中国好歌曲》之所以火，是因为唱出了歌手自己内心的东西，这就是杨坤所说的“走心”。走心，走心，首先要从自己内心里发出来，才能走到别人的心里去。走心的理念，值得父母深思、学习和借鉴。

现代人都很忙，每个人都有自己做不完的事情。这种忙碌的状态具有很强大的惯性，回到家里可能没有终止，仍在继续。看看我们现在的家庭生活吧，父母有自己的事情要忙，孩子有自己的事情要做。最典型的场景是父母要么做家务要么看电视，孩子要么玩手机发短信要么上网玩游戏，两者的交集就是吃饭时在一起，说几句不咸不淡的话。吃完饭，大家又是各忙各的。父母与孩子好像就是两个世界的人，彼此隔膜彼此疏远彼此冷淡。

作为父母，我们不能这样。我们应该坐下来，放下手中的事情，关掉电视，与孩子好好谈次心。当然，因为平时很少这样做，我们与孩子可能会谈不到一起，几句话可能就会不欢而散，彼此不愉快，但不要紧，多一些耐心，多一些理解，多一些包容，我们一定能够跟孩子好好谈的。父母与孩子，其实是有说不完的话的，但我们由于只关注孩子的学习成绩，而忽略了孩子的其他方面，无视孩子的内心世界，总认为只要学习好就是好孩子，结果我们离孩子只能越来越远。因为孩子跟父母最不想谈的可能就是学习，而父母与孩子除了学习好像就没有什么可谈的，这样我们与孩子当然形同路人了。

谈心不是只谈学习，可能会说到学习。谈心首先要有一个大家都感兴趣的话题，围绕这个话题去谈，彼此发表自己的看法，慢慢地会走进彼此的内心世界。比如，每到假期电视台就播放《西游记》电视剧。这个电视剧是大人、孩子都喜欢的。那么我们与孩子可以就这个话题好好谈一次，前不久我就跟儿子聊了这个话题：唐僧师徒四人为什么能够取经成功？孩子会说出很多，那么稍微延伸一下，就可以联系到我们的现实人生，每个人的成长。

我们两个比较深入地讨论了师徒各自的优点、缺点，最后我总结说，唐僧取经，师徒四人缺一不可。他们四人代表的是不同的东西，唐僧是方向，孙悟空是努力，沙僧是坚持，猪八戒是生活。尤其是猪八戒这个角色，小说用笔很多，主要是写他的吃喝拉撒睡，这就是我们的生活。唐僧的方向、孙悟空的努力、沙僧的坚持都很重要，但所有这些都建立在猪八戒的生活之上，没有生活，一切都不可能。所以，我们每个人都要好好生活，认真生活，敬畏生活。

此外，师徒取经还有一个重要成功因素——白龙马。一说到西天取经，我们就会说是唐僧师徒四人的功劳，常常忘记或忽略白龙马的功劳。白龙马不会说话，它代表的是背后默默支持我们的人。任何一项事业的成功，除了我们自己的努力之外，多方面的支持帮助也非常重要。可以说没有背后的看不见的支持帮助，我们很难成功。试想一下，如果没有白龙马，唐僧的三个徒弟就不能那么全身心做自己的事情了，因为必须要轮流背着师父去取经了。所以专门有一首歌是写给白龙马的，“白龙马，蹄朝西，驮着唐三藏跟着仨徒弟，西天取经上大路，一走就是几万里”。

关于西天取经为什么能成功，我们得出的结论就是：方向＋努力＋坚持＋生活＋身边所有人的支持＝成功。一个人要想事业成功，就需要有明确而坚定的方向，超出常人的努力，不懈的坚持，健康的身体，还有身边很多人的支持。这些都具备了，在人生道路上，我们才能事业成功。

这样的谈心很有意思，所以可以很好地进行下去。谈心谈心，谈的是话，交的是心。心就是情感，在谈心中，情感得以交流。其实，这就是杨坤说的“走心”。你来自内心的东西，打动了我；我出自内心的东西，感染了你。父母与孩子之间，最需要的是这个——交心。其他的，都是浮云。

18. 如果管不住手机，还怎能管住自己

最近看到一条新闻，截至目前中国移动用户累计达 7.4 亿，中国联通用户累计达 3.7 亿，中国电信用户累计达 3.3 亿，三家用户总和已超过 14 亿。这里的用户当然指的是手机用户，现在的手机几乎都是可以上网的 3G 手机，功能之强大堪比电脑，看电子书、刷微博、玩游戏、购物……所以现在的手机被称为移动电脑。问题随之而来，那么多使用手机的孩子沉迷其中怎么办？

事实证明，很多青少年已成为手机一族，对手机产生依赖症，须臾不能离开手机，正如我们成人一样一刻也不能离开手机，这就是专家所说的手机依赖症。手机依赖症是一种新型心理疾病，尤其青睐青年白领女性、业务担子重的中年男人和学生三类人。随着手机在中国普及率的快速提高，越来越多的手机持有者发现自己已经无法离开这个“爱物儿”，哪怕只是半天不见，也会魂不守舍，坐卧不宁。高科技在给人们带来沟通便捷的同时，也将一种“新鲜病”——手机依赖症“捆绑销售”给了现代人。

无论在哪里，我们都能看到青少年在玩手机。最典型的就是家人聚会，孩子们各玩各的手机。于是便有了“世界上最远的距离，我在你面前，你却在低头玩手机”的感慨。手机依赖症危害很多，原本应该是睡觉的时间，但很多人可能玩兴正浓，还在不停地刷微博、聊天，打乱了正常的生活规律，导致第二天精神萎靡。有研究显示在床上使用 1 个多小时手机等会发光的电子产品，会阻碍人体生成褪黑素，生理周期将受到影响，并一直处于浅睡眠状态。人体生物钟长期被打乱，则会影响新陈代谢、情绪、免疫力，导致疾病多发。

此外，人们在玩手机的过程中往往忽略了身体的疲劳感，事实上，长时间盯着手机屏幕会造成眼疲劳；长时间低头使用手机会造成颈部、手臂肌肉疲劳；而长时间过度使用触屏手机，会导致手指、手腕关节疼痛无力，动作不灵活等，形成所谓的“触屏手”。

对青少年来说，手机依赖症影响最大的是身体健康，这是一个很大的隐忧。另外，手机依赖症也会导致亲子沟通出现问题，造成亲子关系紧张。孩子一旦患上手机依赖症，很多问题会随之而来，身心、学习、生活等都会受到影响。更让人忧虑的是一些年轻父母没有意识到这个问题的严重，为了图省事，专门拿手机给孩子玩，尤其是让孩子玩手机上的游戏。这些父母总认为孩子小，玩下手机没事的，长大后自然就不玩了。正因为这样，越来越多的孩子对手机产生依赖，成为一个家庭教育难题。

怎么克服手机依赖症？预防是最好的治疗。无论什么病，再好的药物也没有预防有效。在孩子幼小的时候，我们不能图省事，让孩子随意玩手机，一点也不加以克制。对孩子成长来说，我们一定要把握一个重要原则，即要玩有益于身心健康的东西，各种益智玩具如拼图、积木等，各种运动项目，各种棋类项目等。凡是不利于孩子身心健康的，必须坚决禁止杜绝，比如手机游戏、电脑游戏等。还是那句话，培养孩子多方面的兴趣爱好，养成更多的好习惯，孩子生活丰富多彩了，他自然就不会沉迷手机、电脑了。

19. 家庭教育的第一原则

今天厨房和卫生间的水管漏水更换，虽然都是小毛病，但却费了师傅近两个小时的时间。为什么这么费事？师傅道出了缘由：前面的水管安装时都拧得太紧，把橡胶圈垫子拧了进去，水慢慢往外渗透，最后接口处全部锈死。有的费了师傅的九牛二虎之力，我在旁边也搭把手才卸开；有的根本拧不动，没办法只有用钢锯锯断。师傅说，不专业的水电工担心漏水，在安装时就死劲地拧，拧不动了还再拧。时间一长水管容易生锈，再更换就很难很难了。安装水管要用力适度，不能把橡胶圈垫子拧进管子里。由此可见适度的重要。

安装水管是这样，生活中有很多事情都是这样，要适度，才能有利于我们。任何事情过度了，不仅害人也害己。适可而止，这是我们做事情的一个重要原则。对孩子的爱和教育也是这样：爱要适度，不要给予太多，让孩子承受不起；教育要适度，不要过早、过快或过多。事情做过了，只能走向反面。我们的出发点可能是好的，但结果却适得其反，因为我们没有把握好适度的原则。有的年轻父母总是担心孩子学得少，怕考不过别的孩子，于是就逼迫孩子报各种各样的培训班，结果呢？孩子并没有从中受益，反而影响了学习的积极性。还有的父母违背教育规律和孩子身心发展规律，让孩子幼儿园学小学的内容，小学学初中的内容，初中学高中的内容，可是结果呢往往适得其反。

适度的原则其实就是把握事物发展的规律，按照规律办事，一切遵循规律，这样才能把事情办好。

20. 不要把孩子交给“三屏”

农村没有什么娱乐，留守在家的成年人每天基本上都泡在麻将桌上。一些年轻父母为了省事，就把孩子交给电视、手机或电脑。殊不知，当孩子还小的时候，家长还能控制孩子，可一旦孩子迷上这些东西，很多父母就束手无策了。究其原因，还是一些父母不负责任，为了一时的省心而弄得一辈子不省心。

城市里的家长同样有不负责任的，为了省心，就让孩子看电视、玩电脑或玩手机。当孩子被电视、电脑或手机吸引着的时候，家长们的确是省心了，可是就怕孩子沉迷其中，尤其是电脑和手机上的网络游戏，孩子一旦迷上，可能一生就被毁了。

“三屏”时代，父母一定要保持清醒的头脑，不要把孩子交给“三屏”，无论哪种情况或原因，我们都不能放纵孩子，任其迷在“三屏”中。“三屏”时代，每个家庭都会面临这样的问题：怎样处理孩子与电脑、电视和手机的关系？

这个必须有规定，规定孩子接触“三屏”的时间，我们不能简单地把孩子交给“三屏”，让“三屏”掌控孩子的生活。不要说我们平常家庭，即使是英国首相卡梅伦的家庭同样面对这样的教育难题。目前，47 岁的卡梅伦有三个孩子，分别 9 岁、7 岁和 3 岁。他在讲述自己的教育之道时说："我们努力限制他们面对各种屏幕的时间。我们家里有规矩。我们早上不看电视。"

卡梅伦说，他鼓励孩子积极运动，接触音乐，努力控制他们看电视和玩电子游戏的时间。他还尽力避免让孩子过早受到成人文化的不良影响。这种教育方式是正确的，"三屏"时代，家庭必须有关于接触和使用"三屏"的规矩。无论大人还是孩子，都要遵守家庭"三屏"规定，正确合理科学地使用"三屏"，而不是沉迷其中，成为"三屏"的奴隶。

那些为了省心而把孩子交给"三屏"的做法是非常错误的，因为等我们看到问题出现后再去禁止已经晚了。"三屏"时代如何教会孩子正确利用"三屏"，这是每个家庭每个父母都要面对的一个时代课题，也是家庭教育成功与否的一个重要标志。

21. 孩子成长的背景

学过英语的人都知道，一篇英文即使没有一个生词，有时也很难读懂其真正的内涵，即文章的主题。为什么会出现这种情况？因为文章有它的背景，不了解文章的背景，就很难真正读懂。背景是什么？是一个国家的历史、传统和习俗等，即文化。所以，学习语言就是学习文化。任何一门语言都是这样的，即使是一个单词，其产生也是有背景的，即有它的文化底色。如果只是简单地去记单词，只能学到这门语言的皮毛。只有了解了语言的文化背景，我们才能真正掌握这门语言。英语是这样，汉语同样如此。虽然我们生长在这个伟大的国家，但在学习一些文章的时候，我们必须要了解其产生的背景。这个背景就是当时的历史文化。社会背景也好，历史背景也好，时代背景也好，文章都是在特定背景下产生的，或者说是背景的产物。这个背景就是文化，文章即当时的文化结晶。

因此，我们要重视对背景的了解。一个人的成长也是这样的，背景很重要。具体到某个特定的人，他的背景是什么？家庭是第一重要背景。孩子是家庭的产物，家庭是孩子的背景。要了解一个人，先看他出身于什么样的家庭。一般来说，有什么样的家庭，就会有什么样的孩子。因此，我们要建设好家庭，打造好这个孩子最重要的成长背景，因为孩子长成什么样的人，跟家庭紧密联系在一起。家庭的很多东西都会深深印刻在孩子身上，影响孩子的一生。在家庭这个背景中，父母又是重中之重。父母是家庭背景中最亮的那一部分，父母的兴趣、爱好、追求会成为家庭背景的底色，深深影响着孩子的灵魂。

家庭之外，还有什么可以成为孩子成长的背景？学校、社会、时代等都是孩子重要的成长背景。对一个人来说，家庭、社会和时代都是不能选择的，即一个人生下来，家庭、社会和时代都是既定的。但有一个东西是可以选择的，即书籍。如果说家庭、社会、时代作为背景不能改变，但书籍可以。读不读书籍，或者读什么书籍，选择权在每个人的手里。所以，书籍是一个人除家庭、学校、社会、时代之外的重要成长背景。

这就是读书的重要性。我们改变不了生养我们的家庭、所处的社会和生活的时代，但我们可以选择读书这个重要的成长背景。所以，我们要重视读书，不仅要重视孩子的阅读，也要重视自己的阅读。积极健康的阅读背景可以随时改变我们的人生主题。

看一个人，背景是最有说服力的。作为父母，我们有责任为孩子打造一个健康的成长背景。

22. 我们需要什么样的高中

这个双休，儿子这学期的选修课开始。因为选修的学生多，学校网页一直很难打开。儿子因为脚受伤了，要休息一个月，所以就选了合唱。对儿子就读的高中，我还是比较认可的，虽然也追求升学率，但跟那些只盯着升学率的高中相比，还是强多了。儿子读了高中后，我一直在想：我们需要什么样的高中？

北京十一学校是中国高中的一个范本。1 月 17 日，《解放周末》刊发的《突围，突围！——与崔永元同访北京十一学校校长李希贵》一文，在读者中引起很大反响，也引发了人们的好奇：这所让崔永元感慨

“真想在这里上学”的学校，到底是一所怎样的学校？它有多么与众不同？4174名学生，4174张课程表；在学校影院里看电影，也能拿学分；教室成了学生最喜欢的10个地方之一；没有所谓的好学生和坏学生，每个人都只是他自己。北京十一学校采取走课制，此项改革启动于2007年，至此经历了从过去的国家课程到国家必修课程＋校本选修课程再到现在的国家课程校本化的过程，构建了分层、分类、综合和特需的课程体系，对数学、物理等科学领域学科根据难易程度实行分层设计，对语文、英语等7门学科则根据学生需求分类设计不同模块。北京十一学校目前共开发了265门学科课程、30门综合实践课程、75门职业考察课程。所有课程都排入每周35课时的正式课表，学生可自选课程和学习时段，订制自己的私人课表。校长李希贵说：“我们的路径很清晰：发现每一位学生的不同，唤醒每一位学生的潜能，启动每一位学生的内动力，让每一位学生成为自我发展的承担者。只有解放了学生，让他们拥有相信自己的力量，他们才能去实现心中的梦想。”

儿子就读的学校跟北京十一学校办学理念接近，虽然与北京十一学校个性化培养模式有差距，但他们的综合素质培养模式很棒。我一直认为，无论是什么样的学校，幼儿园、小学、初中、高中，还是大学，都要让师生有幸福感。何为幸福感？就是能够充分发掘每个人的潜能，充分尊重每个人的个性，充分展示每个人的才华，无论是老师还是学生。令人高兴的是，教育部已经开始推行北京十一学校的办学经验。我们需要像北京十一学校这样的高中！

23. 看看另一面

任何事物都有两面性。可是我们往往只看一面，而忽视了另一面。

记得元旦前后跟儿子一起去影院看电影，走出影院时我们每人拿了一张最新上映的影片宣传单。宣传单相当于一张电影海报，就是一幅电影人物的画面。看下画面知道了电影大致内容，想当然地认为这张宣传单没有什么用了，所以在经过一个垃圾箱时我就投了进去。我们坐公交车回家，儿子一直拿着那张宣传单。从公交车上下来，我突然发现宣传单另一面是2014年的年历，做得非常精美的一个年历。我要过儿子的宣传单，仔细看了另一面上的年历，正好家里可以用。这时我为随手扔掉的那一张宣传单感到遗憾。

双休日晚上，我看家里积攒一周的报纸，挑选其中有价值的剪下来。其中，在报纸的一面上一篇美文一下子吸引了我，因为被文章抓住了心，我赶紧拿剪刀嘎吱嘎吱几下子就剪了下来。剪完我随手翻看报纸的另一面，有一篇更好的文章正好被剪得不像样子了。因为我知道我剪的一面是报纸的副刊，好文章差不多都在这一面上，没有想到另一面有更好的文章。我为已经被剪得一塌糊涂的好文章而遗憾。

看看另一面，无论是人还是事，我们不能只看一面，一定要看看另一面。不能因为一面没有价值而否定另一面，也不能因为一面有价值而忽视可能更有价值的另一面，或者正好相反的另一面。两面看人、两面看事，这才是我们应该持有的态度，也是辩证法告诉我们的。同样，我们还要站在不同的角度去看一个人或一件事，因为站在不同的角度看到的结果是不一样的，甚至是截然相反的。全面看人、全面看事，这也是我们应该持有的态度，否则可能会看错人、办错事。

24. 未来社会需要什么样的人才

我们培养人才一定要有长远的眼光，只盯着眼前是不行的。试想一下，一个刚出生的孩子长到十七八岁才上大学，而十七八年的时间是一个不短的时间，在当今以互联网为标志的信息时代，科技、文化等日新月异，今天学习的可能到明天就落后了，知识更新和淘汰的周期越来越短。所以，仅仅靠在学校学习的那些东西是远远不够的。

显然，未来社会需要的主要不是学到多少知识的人才，而是学习力超强的人才。学习力，指学习的欲望和能力，即求知欲以及懂得求知的方法和技巧。学习力一般的人在未来会很难适应，必须具备超强的学习力。何为超强？第一，要有主动学习的精神；第二，要有持续学习的态度；第三，要有批判学习的意识；第四，要有科学学习的方法。主动的学习、持续的学习、批判的学习、科学的学习，具备了这四个方面的学习力，我们才能称其具备超强的学习力。而具备超强学习力的人才正是未来社会需要的人才。

因此，我们培养人才一定要培养未来社会需要的人才，不然我们的培养就是无效的，因为我们培养的人才如果没有超强的学习力，就不能适应未来社会的发展，就会被未来社会所淘汰。未来社会需要什么样的人才？作为教育工作者，我们一定要回答这个问题，认清这个问题，把握这个问题，围绕这个问题去培养人才。培养具备超强学习力的人才，要作为我们各种教育的目标。我们所有的教育活动都要围绕这个目标——超强学习力——而努力。

我们的教育一定要超前，走在社会的前面，这样才能培养出未来社会需要的人才。这是教育的本质特性，培养的人才一定是适应未来社会的，教育指向的不是当下，而是未来。如果不转变教育观念，仍然固守过去的教育理念，只是盯着眼前开展教育工作，那么结果就是大学生毕业即失业，因为不能适应社会的发展，学习的东西早已是被淘汰的知识。如果我们的学生具备超强学习力，这个问题就可以迎刃而解。因为具备超强学习力，一个人随时随地都可以学习提高自己，以适应社会发展的需要。

超强学习力，就是主动学习的能力、持续学习的能力、批判学习的能力和科学学习的能力四种能力之综合。我们要围绕这四种能力来培养孩子，让孩子具备超强学习力。

25. 超强学习力之主动学习

我们的社会正在变成一个学习者社会，人人都是学习者，无论各行各业，我们拥有一个共同的身份——学习者。就孩子的成长教育来说，不仅仅孩子是学习者，教师也是学习者，家长也是学习者。我们并不比孩子高明多少，我们必须跟孩子一起学习，并且要主动学习。

主动学习是一种态度、一种精神、一种习惯，更是一种能力。我认为，主动学习是超强学习力的第一要素。一个具备超强学习力的人首先是一个主动学习的人。所以，培养我们的主动学习精神和习惯就显得非常重要。

其实，我们刚来到这个世界上时原本是具有很强的主动学习精神的。因为这个世界对我们来说是全新的，一切都是那么新奇，我们什么都想了解，这就是好奇心。对世界充满好奇，自然就会主动去学习。所以，好奇心就是我们主动学习的基因。正是因为对一切充满好奇，我们才有了主动学习的意识和精神。

我们要想培养主动学习的孩子，就要从呵护孩子的好奇心开始。无论家庭还是学校，无论家长还是教师，都要转变观念，一切要有利于孩子好奇心的发展。

好奇心的表现就是问。孩子遇到感兴趣的问题，总会问为什么。即使我们不知道答案，仍然要鼓励孩子去问。可能有些问题稀奇古怪，有些问题天马行空，有些问题不着边际，有些问题不可思议，但我们要肯定孩子提出的问题。有些问题可能永远没有答案，比如宇宙到底有多大，但我们要允许孩子提出。问题是学习的开始，先有问题然后才有学习。

所以，培养孩子主动学习的习惯和精神其实很简单，就是呵护孩子的好奇心，让这种好奇心陪伴孩子的一生，那么孩子这一生就会主动学习。

26. 我和儿子一起包饺子

2014 年 3 月 16 日中午，我和儿子要自己解决吃饭问题。我们准备包饺子，因为饺子馅昨天就做好了，没有吃完，还剩下一半呢。今天中午，我们俩要包饺子吃。

12 点刚过，我先和好面，然后准备包饺子。儿子正在书房里上网玩他的 NBA 游戏呢，我对他说马上关机准备擀面皮。他用电脑的时候最不喜欢我说的一句话就是“马上关机”，但今天做午饭他必须参与——帮我擀面皮。

他说稍等，马上就来。我开始把面搓成山药棍一样粗的面棒，然后切成一个一个的小面团，这样儿子的工作就很简单了，就是擀面皮。等我全部搓成并切好，儿子也关掉电脑过来了。很小的时候，他就会擀面皮，所以不需要教他。

儿子擀面皮很熟练，完全可以供应上我包饺子。他擀面皮，我包饺子，我们两个配合得很默契。我们边包饺子边看电视，看的是江苏卫视的《非诚勿扰》。这个节目对我们来说，其娱乐放松的价值大大高于生活服务的价值，一些情节总是逗得我们放声大笑。

如果是我一个人做，一边擀面皮一边包饺子，那就慢多了。由于儿子的给力参与，所以我们包饺子的速度很快。差不多半个小时，所有的饺子都包好了。我们俩劳动的结果就是一大锅盖排着整齐队伍的饺子。

平时，儿子就喜欢吃我包的饺子。今天中午就更特别了，因为每个饺子都有他的双手劳动。饺子下锅做好后，儿子吃了满满两大碗，我也不示弱吃了三大碗。即使这样我们还是没有吃完，捞出来还有一盘子呢，毕竟我们俩包了一大锅盖饺子。

我问儿子饺子味道怎么样，他说比昨天好吃。其实，饺子馅和面皮都是一样的，不一样的是昨天他没有动手做，今天他全程参与了擀面皮。虽然都是饺子，但因为有自己的劳动在里面，那个意义就完全不同了。

这就是我们和孩子一起动手实践的好处，动手实践不仅出真知长智慧，而且还能让饺子更有味，让孩子吃得更好更多。

27. 儿子主动不带手机上学

儿子这周主动没有带手机上学，可能是因为上周去换了镜片，他的近视度数增加了一倍，由 75 度增加到 150 度。这个度数不是很高，但他已意识到保护视力的重要性。他说，换了镜片后，感觉不舒服。我说，肯定了，近视度数越高越不舒服，必须要保护好自己的视力了，不然很麻烦，尤其是喜欢打篮球，度数高了就不方便了，因为去掉眼镜就找不到篮筐了。

儿子的视力是从初二开始下降的，但不是看书学习造成的，而是看手机小说的原因。当然，使用手机多了一定会影响到视力，尤其在手机上玩游戏，屏幕很小，画面闪动，长时间保持一个姿势盯住玩很容易就受影响。儿子的视力本不该出现问题的，因为他很喜欢运动，几乎每天都要运动，所以视力一直很好。但再多的运动也挡不住手机的杀伤力，他还是戴上了眼镜，虽然极其不情愿，但没有办法。

现在他不看手机小说了，但会关注 NBA 比赛情况。高中学习还是比较紧张的，天天想着 NBA 比赛，用手机上网看比赛情况，不仅会影响到学习，更会影响到视力。不难想象，晚上下自习回到宿舍睡觉前的这段时间，他肯定会用手机上网看下 NBA 比赛情况的。他们班级规定：手机不准带到教室。白天他应该不会玩手机，但是晚上在宿舍里是少不了的。

我想是手机对视力的影响让儿子决定不带手机上学了。因为篮球是他的最爱，如果近视度数再高的话，就会影响到他打篮球了。他不愿意像我一样，一刻也不能离开眼镜。带手机上学没有多少好处，即使打电话宿舍里也有固定电话。但带手机上学害处很多，看手机一是影响视力，二是影响晚上休息，三是影响学习。所以，不带手机上学是最好的。

我希望儿子能够将不带手机上学进行到底，摆脱手机的束缚去过更精彩的高中生活。

今晚 10 点 15 分，我把电话打到了儿子的宿舍，接电话的正好是他。可能是他知道自己没有带手机上学，宿舍电话响了应该是找他的。我问了他这两天在学校的情况，他说挺好的，没有带手机上学，晚上休息得很好，10 点半熄灯就睡觉了。他还说，马上就要期中考试了，必须要休息好。我说是的，休息好才能保持旺盛的精力，带手机上学，熄灯后可能还在玩手机，不仅对视力有害，而且影响睡觉。

人就应该这样，有时需要停止去做自己最喜欢的一件事情，锻炼下自己的毅力。虽然手机对我们很重要，但我们仍然可以尝试下不带手机或者关掉手机，享受一下没有手机铃声的清静松弛。但很少有人能这样做，即使没有人会打电话过来，也要随身带着手机，所以很多人都有了手机依赖症和手机幻听症，总认为自己的手机铃声响了，其实手机铃声并没有响。孩子上学没有必要带手机，尤其是能上网的智能手机。我们同样也可以让手机放假，尤其是双休日或节假日，完全可以关掉手机，不去理会外界的任何干扰，过几天清静悠闲的日子。

28. 儿子的安排

中午 12 点多，接到儿子用同学手机打来的电话。儿子这周没带手机，而是把篮球带到了学校。他说，今天下午上两节课就没事了，他先在学校跟同学打下篮球，然后到民大伯伯那里，我们几个一起吃饭看电影。我心想这个安排不错啊，就问他为什么周六上午不补课了。他说下周期中考试，考试前一周都是这样的，不再补课。我就答应了他，我们约好见面的时间和地点就挂了电话。

前不久，我看到一个观点，人们工作的部分目的是娱乐和休闲。休闲是一种成为人的过程。换言之，你不能休闲，不会休闲，你就不是完整的人。社会的发展应该是朝向越来越让人可能变成完整的人，也即马克思讲的人的自由全面发展，这才是我们应该追求的进步与文明，而不是处在满负荷的工作、学习之中度过一生。

我很赞成这个观点，只工作不娱乐和休闲，第一身心健康肯定会出问题，第二生活太单调乏味，第三只限于工作会使眼界狭窄。生活的质量一半决定于工作，一半决定于工作之外的娱乐和休闲。换言之，人们勤奋工作的目的之一是得到更多的假日和休闲时间。国民的幸福指数与享有的假日多少密切相关。所以，随着社会的发展和进步，我们工作的时间会越来越短，而娱乐和休闲的时间会越来越长。

工作时间，我们是不自由的，我们不能主导。但工作之外的时间完全掌握在我们的手中，我们可以自由安排娱乐和休闲，当然主要是满足我们的兴趣和爱好。我想，未来可能每个人的兴趣和爱好就是他的工作，他的工作就是自由个性的体现。在玩乐休闲之中工作已经做了，这是一个多么自由而美好的社会啊。

29. 要有自己喜爱的东西

无论在哪方面，每个人都应该有自己喜爱的东西。一个人有自己喜爱的东西，人生就会很有趣。一个人什么都不喜欢，那么他的人生就会很无聊。培养孩子，我们一定要让孩子有自己喜爱的东西。读书、运动、绘画、唱歌、跳舞、手工、厨艺、集邮、摄影、旅游、电影、收藏等，孩子只要真正喜爱其中一样东西，那么他将来的人生就不会寂寞。

很庆幸，在一个重视考试分数的时代，除了学习考试之外，儿子有自己喜爱的东西——篮球和唱歌。事实证明，篮球让儿子的身体强健，唱歌让儿子的心灵沉静。

有人说，高中三年是学习最紧张的阶段，除了学习做题什么都不要做。我认为这种观点是错误的，越是紧张越要放松，越是压力大越要注意休息。否则，人的身体和心理是承受不了的，即使暂时不出现问题，也可能会留下隐患。如果一味地施以高压追求高分，不给孩子一点喘息的时间，那么身体和心理都可能出现问题。

除了做好以考试为中心的学习外，孩子还有自己喜爱的东西，那么我们就不用担心过大的压力带给孩子身心的伤害了。因为孩子在自己喜欢的东西中能够寻求到快乐，能够释放压力，能够调整状态，能够保持充沛的精力。

思想指导行动，观念决定方式。有什么样的教育思想就有什么样的教育行动，有什么样的教育观念就有什么样的教育方式。如果你只是追求孩子每次考试要得高分、排名要靠前，上高中的目的就是考个好大学，那么你可能就是天天带着孩子奔向各种培训班，把孩子的一切与学习无关的爱好斩断。如果你要一个身心和谐发展、健康快乐积极向上的孩子，那么你就会注意培养孩子多方面的兴趣爱好，让孩子拥有他自己喜爱的东西。

为什么反复强调让孩子有自己的兴趣爱好？因为孩子的兴趣爱好可

以造就他独特的个性品格和与众不同的经历体验。就拿我儿子来说，一进高中他就参加了音乐社，音乐社的阳光义卖活动让他有了跟其他同学不一样的经历和体会。对一个人来说，这是最宝贵的。我们强调的个性化教育，就是这个东西，根据孩子的个性特点去培养他。最近，儿子又参加了合唱团。我相信，合唱团又会带给他不一样的高中生活经历。经历就是财富，独特的经历更是一笔宝贵的财富。

有自己的兴趣爱好，孩子就有属于自己的人生内容和阅历。我们活着的一个重要目的，就是要活出自己来，而不是去重复别人的故事，总是跟别人一样。如果人人都一样，没有自己，没有差别，那么我们的世界就真的没有意思了。无论从哪个角度，我们都要有自己的兴趣爱好。培养孩子，就是要让孩子有自己的兴趣爱好。

30. 儿子的“五一”假期

先是紧张的期中考试，接着是两天运动会，然后就是“五一”三天休假。儿子说只有在一附中才能过这样的生活，其他高中是不能这样的。作为一个重点高中，学校假期不补课，这一点确实值得点赞。

假期第一天，在家里。两个同学来家里玩，家庭聚会，儿子学习如何接待客人。假期第二天，自由活动。儿子跟几个同学一起约好了到汉口去玩，他们在中山公园里玩得很快乐。走的时候给他 200 元活动经费，玩了一天在外面吃了午餐、晚餐两顿饭，总共花了 150 元钱。儿子说，大家是 AA 制，不是一个人买单。假期第三天，在家里。儿子邀请了一个初中要好的同学到家里玩。两个人上高中后没有见过面，所以他们一见面话很多。因为不在同一个高中，所以他们聊起了各自的高中生活。

三天假期，一晃而过。儿子说，快乐的日子过得真快，三天一下子就过去了。儿子之所以感觉假期很开心，因为我们没有让他参加补习班，而是把假期交给了他，让他自由安排自己的假期生活。我们总是认为，孩子坐在家里或到补习班读书做题上课听讲才是学习，其实走出家门，社会就是一个大课堂，需要孩子学习的更多。我们要放开孩子的手脚，让孩子去做自己喜欢的事情。

你不给孩子自主安排生活的机会和权利，他又怎能学会掌控自己将来的生活？而假期正是孩子学会独立安排自己生活的好机会，把假期还给孩子，让孩子为自己的假期做主。

31. 高中第二次家长会

2015 年 5 月 10 日下午，我参加了儿子就读学校的第二次家长会。当然，家长会总是在重要的考试成绩出来后举办，毕竟很难有什么能比分数排名更吸引家长的了。今天的家长会分两个阶段进行，先是高一年级 1 部主任主持的级部家长会，然后是班主任主持的班级家长会。

级部家长会是在学校 1 号报告厅开的。1 部主任重点介绍了级部老师及教育教学情况，提出分阶段、抓重点、求突破的观点。高中大体分为三个阶段，一是高一阶段的培养习惯，掌握方法；二是高二阶段的培养能力，夯实基础；三是高三阶段的培养意志，整体提高。抓重点即趁寒暑假集中精力攻克自己的薄弱学科。1 部主任接着谈了八个问题，即信心问题、毅力问题、吃苦问题、静心问题、规划问题、落实问题、责任问题和规范问题。他最后要求家长处理好三个关系，一是学校教育和家庭教育的关系，二是课堂教学与课外辅导的关系，三是能力素质与学习成绩的关系。讲完之后，1 部主任以“细节铸就品质，过程决定结果”作为结束语。

班级家长会是在教室里开的。班主任郑老师列出了六个关键词：期中考试、“五四”表彰、运动会、八点建议、四大法则、一个问题。大家最关心的是期中考试，所以郑老师是把这个作为第一个内容讲的。郑老师讲了各科重点线、总分重点率以及班级的情况。这次期中考试儿子超出学校预测的重点线 60 多分，属于班级优秀学生之列。在平行班中，班级成绩属于中等，比上不足，比下有余，这说明很有潜力。大家关心的是班级拔尖的高分学生较少，只有一个刚到 600 分。

“五四”表彰，郑老师的标准有十几条，其中前五条是刻苦学习、方法灵活、完成作业、精神饱满、听讲专注。根据这些标准，选拔出“五四”要表彰的学生，有全区优秀学生、校级优秀学生干部、校级优秀学生等。儿子获得校级优秀学生称号。运动会表彰，班级男生只有三个获得名次，其中儿子获得200米全校第7名。班级女生获得名次的较多，看来班里女生的身体素质好于男生啊。

八点建议：多竖拇指，少用鞭子；多用耳朵，少用嘴巴；多纵向比较，少横向攀比；多以身示范，少空洞说教；多点科学规划，少点主观武断；多点耐心细心，少点急功近利；多点独立思考，少点随波逐流；多给予无形财富，少满足物质贪欲。郑老师的八点建议讲得很好，值得我们好好学习。

四大法则：木桶定律，短板决定容量；手表定律，教育目标要统一；蝴蝶效应，对不好的苗头要保持警觉性；罗森塔尔效应，给孩子积极的心理暗示。这四大法则非常经典，郑老师提出来很有针对性。

一个问题：手机问题。这个是郑老师重点强调的，他列举了手机的六大罪状：（1）电话短信无休无止，影响自己干扰他人；（2）上网浏览不良网站，下载低俗趣味小说；（3）胡乱拍照恶搞他人，侵犯隐私惹是生非；（4）手机辐射伤害身体，头痛头昏乏力失眠；（5）攀比成风铺张浪费，升级换代功能泛滥；（6）搜寻答案冲击学风，考试作弊败坏考风。然后，郑老师列举了两个具体事例，一个是班级周六、周日留校学生纪律检查表，另一个是他在班里没收的五部手机的图片。学生因为手机忘了此时、此地、此身。如果有的学生成绩上不去，那么一定是手机惹的祸。

班级家长会结束后，照例是到任课老师办公室见任课老师，了解孩子上课的情况。我重点找了英语老师，因为儿子的英语刚刚踩重点线。英语老师说我的儿子上课很认真，回答问题表现很不错，课堂上各个知识点都学会了，问题可能是课下没有及时复习，另外投入的时间、精力不够。我认为英语老师说得很到位，反正每个双休儿子在家里用时最多的就是数学了，英语用的时间最少。然后，我又去见了班主任郑老师了解孩子这段时间的学习状态。郑老师说我的儿子这段时间的学习状态很好，还说他阳光开朗坦诚，玩就玩个痛快，学就学个踏实。我问郑老师有什么问题没有，郑老师说一切都还好，说他和另外两名男生学习态度都很好，要继续保持。

晚饭前，我拿出家长会记录本一条一条地给儿子讲这次家长会的情况，并把学校级部主任和班主任的要求重点对他说了。儿子听了感觉到很振奋，同时也感受到了压力。他的信心很足，准备以更加饱满的精神状态投入学习中，争取更大的进步，为班级争光。

32. 我欣赏这样的高中生活

说实在的，这次高中家长会气氛有点凝重，因为儿子所在的班级在全校中成绩排名处于中间水平。究其原因，我想主要还是学生的心没有全部用在学习上，班主任郑老师只讲了一个问题——手机问题。

手机已经严重影响了班级学风，影响了孩子们的学习成绩。的确，在一个没有什么也不能没有手机的时代，很多成年人都成了手机的奴隶，更何况缺乏意志力和自制力的孩子！学习成绩不理想不怕，怕的是不知道错在哪或者知道错误却不改正。找到原因了，并且努力去改正，学习成绩一定会很快上去。

另外，除了客观原因——手机影响之外，更重要的还是内在原因——主观因素。我认为，一切客观原因都可以从主观上找到原因。一个人的精神状态很重要，直接决定着做事的效率。作为家长和老师，我们要激发孩子的潜能，鼓舞孩子的斗志，振奋孩子的精神。让孩子保持对学习的激情，精神饱满地去学习、去生活，这样才会把学习当作一件快乐的事情。

我庆幸儿子的班级是一个好班级。昨天晚上下自习后给他打电话，他没有接，同学说他正在忙。过了一会儿再打电话，他接了，说班级要举办一个师生篮球友谊赛，他正在找同学商量这事。我说这个好啊，跟老师打一场篮球，不仅能够提高球技，更能增进感情，让师生关系更和谐更融洽。而这也是孩子们提高学习成绩的一个重要因素，师生关系好了，彼此信任喜欢欣赏，学习当然就会很愉快了。

我正在写这篇日志的时候，班主任郑老师已在群里开始发师生篮球友谊赛的照片了。郑老师说，“今天下午班会课时间，我们任课老师和班级学生举行了一场师生篮球友谊赛。下面是张瑞东同学拍摄的照片，请各位家长朋友欣赏”。师生打比赛，全班其他学生组成啦啦队，这是一幅多么美好的画面。

我在群里大赞说，这个活动好啊，增进师生感情，鼓舞师生干劲，振奋师生精神。很多家长也在群里点赞，为这样的师生篮球友谊赛叫好。除了学习，还有生活。高中不能只有枯燥的学习，还要有丰富多彩的业余生活，而现实中这在很多高中是不可能的。这正是我欣赏和期待的高中生活，这种高中生活能够培养人格健全、身心健康、素质全面的人。而决定孩子未来的，不是表面的漂亮的学习成绩，而正是健全的人格、健康的身心和全面的素质。什么是素质教育？我认为这就是素质教育。什么是好的高中生活？我认为这就是好的高中生活。我相信，这次师生篮球友谊赛一定会成为孩子们高中生活中的美好记忆。这次活动不仅让全班学生看到了任课老师的另一面，而且会让学生自觉学习任课老师的全面发展。老师不仅仅会教一门课，而且在篮球方面也不差啊。班主任郑老师抓的是孩子健康成长的根本，而不仅仅是表面的学习成绩。根本问题解决了，学习成绩上去就是自然而然的了，就像种树一样，根深叶茂果才甜。我们想得到甜美的果实，一定要从根本上下功夫。根本是什么？就是做人。教会孩子怎样做人，这才是教育的重中之重。

每个人来到这个世界上，可以说都是为了“生活”两个字。我们干什么都是为了生活，让自己和家人的生活更好。而我们每天所做的一切都是生活。生活幸福与否，与一个人的世界观、人生观和价值观密切相关，与一个人的职业工作和业余爱好密切相关，与一个人的人际交往和性格修养密切相关。所以，生活幸福绝不是所谓的高分就能决定的。我们一定要有生活教育观。

结合儿子所在班级的种种活动，我认为这就是正确的科学的高中素质教育——生活教育，即做人教育。在一些重点高中采取军事化管理，一味追求孩子成绩而罔顾其他的形势下，能有这样的高中生活真是幸运。我欣赏这样的高中生活，我支持郑老师的教育追求。

33. 7班发生了一件大事

40位家长，还有班主任郑老师，爱心捐款29886元。2014年5月30日，我们7班家长委员会发起并组织的爱心募捐活动告一段落。在端午节前夕，完成这样一个充满爱心的工作，我们大家都很开心。我只想说，7班有爱，爱在7班。

听到7班杨同学爸爸不幸患上白血病（今天才知道是骨髓瘤，比白血病还厉害）的消息是在开家长会。当时我们几个家长正在郑老师那里等候交流，一位白发老者说杨同学爸爸得了白血病，正在北京治疗。这位老者不是别人，而是杨同学外公，正因为杨同学爸爸妈妈都在北京，所以他代替来开家长会了。

当时听到这个不幸的消息，也是一个惊天的消息，我们都很震惊，不可思议。我们都非常同情杨同学一家，杨同学爸爸这么年轻又是家里的顶梁柱。我记得很清楚，去年7班第一次家长会上，杨同学妈妈上台分享她教育孩子的点点滴滴，给我们留下了深刻印象。谁又能想到，几个月后杨同学爸爸竟然查出患上白血病？

很快7班大部分家长都知道了这个消息。两天后，家长委员会的彭同学爸爸对我说已和班主任郑老师商议好准备发起一个募捐活动。我说这个活动好啊。彭同学爸爸让我写份爱心募捐倡议书，他又联系了其他几位热心家长并在QQ上组建了一个爱心募捐讨论组，包括我、彭同学爸爸、王同学妈妈、陈同学妈妈、龚同学妈妈，总共五个人。

因为7班师生、生生关系很好，家长之间也很友好，所以我很快就把爱心募捐倡议书初稿写好了。彭同学爸爸修改之后又请郑老师过目。郑老师看过后我们就通过QQ邮箱一一发给了7班家长。有些家长几乎不用QQ邮箱，所以彭同学爸爸又一一打电话告知这个事情。之所以没有在家长群里发这份倡议书，是因为我们担心会对杨同学不好，毕竟家长群里也有不少孩子。

倡议书发出的那一天，即5月13日，我和彭同学爸爸到工商银行里以我的名义办了一张银行卡，以便各位家长捐款。密码只有我知道，彭同学爸爸管理银行卡，其他几位家长有记账的，有监管的。我们这样做，目的是让每位家长放心。银行卡办好后，我们几位家长先表达了各自的爱心。然后陆陆续续有爱心款打到卡上，因为卡捆绑了两位家长的手机号，每一笔捐款都有短信提醒。1000元、500元、300元、100元……爱心款第一天就超过了1万元。

多数家长都知道了这个消息，并且表达了自己的爱心。但由于条件的限制，少数外省和外地的家长没有联系上。截至昨天我们的爱心款达到29886元，虽然这并不能根本解决杨同学爸爸看病的巨额费用问题，但至少代表了7班家长的爱心和鼓励。昨天下午5点多，彭同学爸爸打电话给我说今天上午去杨同学家里探望，并把爱心款送过去。

上午10点，我从办公室出发，拿着卡到银行把所有爱心款取了出来，连同我们的爱心募捐倡议书一起带着去与彭同学爸爸会合。10点半，彭同学爸爸开车接到我，他已经把捐款的明细打印了两份，一份给杨同学家长，一份给班主任郑老师。我们先去学校接郑老师，然后又接上龚同学妈妈，我们四个一起去杨同学家里。

杨同学家比较远，走了大约一个小时我们才找到。杨同学爸爸早在楼下等着我们了。在北京治疗之后，他的气色很好，看到他恢复这么好我们很高兴。一进门，杨同学外公已把午饭做好了。杨同学妈妈还专程到广州去了一趟，给我们带回来上了《舌尖上的中国》的一个菜。我们把爱心款转交给杨同学爸爸，过了一会杨同学妈妈才从广州回到家。她来不及休息马上就到厨房给我们加工刚刚带回来的那个名菜。一家人这么热情地款待，我们真的很感动，心里有点过意不去。

我们边吃边聊，聊杨同学爸爸的病情，聊班级孩子的情况，聊这次爱心募捐活动。大家聊得很开心，吃得也很开心。等我们告别，时间已经快到下午 2 点了。我们再次鼓励杨同学爸爸妈妈乐观，保持好心情，也祝福杨同学爸爸早日康复。我相信有爱的集体一定可以创造奇迹，我们期待着杨同学爸爸战胜病魔创造生命的奇迹。

34. 与儿子探讨 16 岁

刚刚过去的 5 月，儿子过了 16 岁的生日。本来是要好好给他过一个生日的，但生日那天他在学校，所以就没有给他过。这有点遗憾，因为 16 岁的生日是一个值得纪念的日子。生日虽然没有过，但我还是想跟他探讨一下 16 岁对于人生的意义。

端午节放假，正好我们有时间在一起。于是，我们就深入探讨了这个话题。我给他布置了一个思考题，让他想一想“16 岁对于一个人意味着什么”，然后告诉我他的想法。我给他一天一夜的时间来想这个问题，想好之后再说。

他说，16 岁要告别少年走向青年了。16 岁之前的少年感觉自由一些，学习任务压力等少一些；但 16 岁之后的青年就不一样了，学习任务压力等都大多了。所以，16 岁对他们来说就意味着去承担更多的压力吧。另外，16 岁之前，玩的时间很多；16 岁之后，玩的时间就少多了。16 岁，意味着一个人开始从懵懂走向成熟了。

听了儿子的回答，我又问了他一个问题：一个人为什么要学习，不学习难道不可以吗？他说，学习是为了将来给国家作贡献吧。不学习什么都不懂，怎么作贡献？我说，学习不仅仅是为国家作贡献。每个人来到这个世界上都有他的使命，要完成自己的使命，就要靠学习。学习的目的是发展完善自己，让自己变得有力量，这样才能完成自己的使命。

一个人学习的黄金时期可以分为两个阶段，一是从一年级开始到初中结束的 9 年，是这个黄金时期的第一个阶段；二是从高一开始到大学结束的 7 年，是这个黄金时期的第二个阶段。第一个阶段的学习主要是靠记忆，被动学习的成分多一些；第二个阶段的学习主要靠思考，主动学习的成分多一些。而 16 岁正是这两个阶段的分界点，必须要明白学习的使命是什么。学习的目的不是得高分，考上好大学，将来有个好工作，而是为了发展完善自己，让自己变得有力量，完成来到这个世界上的使命。

我告诉儿子，16 岁是一个重要的提醒。它提醒你从少年进入青年，更提醒你学习的黄金时期的第二个阶段的开始，一定要转变学习的方式方法，提高学习效率，尽可能扩大知识面。16 岁之后的学习有一个革命性的根本变化，从此之后，在学习中学会思考比记忆知识重要，发现问题比解决问题重要，学会质疑比一味接受重要。

儿子还比较认同我的说法，认为有一定的道理。我进一步补充说，16 岁离 18 岁成年只有 2 年，所以 16 岁还要做好从未成年进入成年的重要准备。16 岁，就要有担当精神了，一定要担当起自己的责任，自己的事情自己操心，尽量不让父母去管。16 岁，自己的人生目标应该很清楚了，长大后想干什么，成为什么样的人，要在哪个领域做出自己的成绩，这些应该很清晰了。如果不清晰，就要静下心来想一想这些问题，把这些问题想清楚。

16 岁意味着什么？这是我与儿子探讨了之后给他布置的一个任务，让他围绕这个题目写一篇文章，以此来纪念自己的 16 岁。

35. 儿子安装遥控落地扇

暑天来了，上午我去超市买了一台钻石牌遥控落地扇。回来后，儿子正在书房写作业，我决定让他来安装这台风扇，看看他的动手能力怎样。我边打开箱子取出落地扇的各种部件边喊他到客厅里安装，看他能不能装好。起初他不愿意，说作业多正在写作业呢，还说这玩意很好安装。我说："作业先放一下换换脑筋，这个与作业一样重要，不要眼高手低，你装好我们才佩服你。"他妈妈也在一边激将，让他完成落地扇的安装工作。毕竟这是一个很好的动手能力的锻炼，我要把这个机会让给儿子。

拗不过我们的坚持，也是为了证明自己的动手能力，儿子就放下作业到客厅开始安装了。我问他还看不看说明书，他说这东西简单得很，就是把几个部件组装起来，不需要看说明书。他既然这样说，我就没有把说明书从箱子里拿出来，我只是把所有的部件取出来交给他处理。我只提醒了他一句，先观察好，顺序很重要。他一下子就明白该怎么做了，显然落地扇安装的顺序是先下后上。

他按照这个顺序先把底座观察一番，然后把立柱装了上去。儿子的动手能力很强，小时候就喜欢拼装赛车，小学时还在全省获得了第六名的好成绩呢。等我把箱子收拾好放在一边，他已经开始准备安装风扇的头部了。落地扇的头部有点复杂，一开始他没有装好，认为缺少螺丝固定。我没有仔细看，相信了儿子的话，帮助他一起找螺丝之类的零件。沙发上、地板上、箱子里，都没有找到螺丝。我想，应该不会缺零件的。因为我相信钻石牌电扇，小时候就用这个牌子，应该不会少零件的。我让儿子再仔细观察下，他拿着摇头部分的几个零件比画了几下，突然大叫说"我知道怎么装了"。果然，不需要螺丝固定，别人已经设计好了。儿子很快就装好摇头部分，在最后网圈固定时他一个人不行，我伸手帮了下。他插上电源，遥控板装上电池，按下开关键，一股清凉的风扑面而来。我们为儿子竖起了拇指，他的动手能力还是很强的。

我们往往只重视孩子解题的应试训练，缺少动手的实践能力培养，结果孩子成了只会做题，生活却不能自理的人。生活能力其实就是动手能力，当然创造能力就包含在生活能力之中。勤动手、会动手、善动手，生活能力就强，创造能力也不会差。因此，我们一定要注意培养孩子的动手能力，从扫地、洗衣、做饭开始，把动手的机会留给孩子，不要剥夺孩子的动手机会。记住，爱动手的人一定不会懒惰；那些不爱动手的人一般都很懒，只等着父母做好一切，他去享受。

36. 儿子喜欢这样的双休

有时我在想，大人就是孩子的伙伴。我们要做的就是陪伴，跟孩子在一起享受时光。不要让孩子天天想“爸爸去哪里了”，因为我们能跟孩子在一起的时间其实很少，真的要且行且珍惜。

因为周末赶上高考，儿子提前半天过双休日，周六上午不再补课，周五下午 4 点就可以回家了。儿子周四打电话给我，说他放学后先在学校跟同学一起打下篮球，然后我们在时间广场跟他师父一起吃个饭、看场电影。我们约好了周五下午就在时间广场见面，到时候电话联系。

我很赞成儿子这样的安排，忙碌了五天，到了周末就应该好好放松休息下。周五下班后，我从单位出发到时间广场。到了后，我跟儿子的师父联系，他正在忙着打扫刚装修的房子，没有时间跟我们在一起。于是，我就和儿子一起到负一楼吃了遵义的羊肉粉，然后直奔 3 楼的影城，我们一起度过了愉快的时光。

周六上午是儿子的做作业和上网时间。下午儿子休息之后，我们一起去打篮球。很久没有跟儿子一起打篮球了，我很想看看他的球技怎样了。全场十几人，儿子年龄最小，其他球友一看就知道他是中学生。虽然年龄小，但他的球技进步很多，比场上一些大学生打得好多了。他的篮球意识、速度、防人、上篮、投篮等都有了很大提升，尤其是配合意识比原来强多了。篮球是集体项目，精髓就是队友之间的默契配合。当然，儿子跟我配合得多一些，差不多球都传给我了。同样，我也给他传了很多球。这种父子之间的默契应该是天生的吧。个人技术再好，单打独斗的篮球不好玩也不好看。我们一直打到 7 点半，但并没有感觉到很累，因为是轮换上场的，中间休息很多。

晚饭后，儿子去理发。他说跟同学约好了，晚上一起打球。我们有点不同意，但他坚持说要去，因为约好了，不能失约。去就去吧，打球总比玩电脑游戏好。没有想到，他竟然打到 10 点，真是篮球迷啊！回来时他的汗衫全湿透了，当然这样的天气不打球也出汗呢。洗完澡之后，他就到书房写作业了，一直到 11 点上床睡觉。如果不是出去打篮球，他肯定会上网玩游戏的，虽然是 NBA 游戏，我们也不想让他玩那么多。这样挺好，打篮球取代了玩电脑游戏。

今天周日，昨天下午高考湖北卷的语文作文题目就出来了，是有关山顶的风景的材料作文。今天报纸把全国各地的高考作文题目都整理刊登了，我就跟儿子一起研究起今年的高考作文题目来。材料虽然各不相同，但不外乎这三类，一是哲理类，二是生活类，三是科技类。我把它们分别对应为世界观、人生观和价值观。高考作文真正想拿高分，立意新颖深刻是第一位的。我们得出一个结论，无论哪种材料，最后指向的都是世界观、人生观和价值观的问题。

儿子还在网上查到了高考湖北卷的数学题。他看了下说，不是很难，差不多都学了，能够得 100 分，至少可以及格。150 分的卷面及格就是 90 分了，说明他的数学基础还可以。他又看了语文题，我问他感觉怎样，他说没有把握。我说语文应该相对容易些啊，阅读、作文都可以做啊。由此看来，他的语文还要下大功夫。语文靠的是平时的积累，这个考前冲刺是不行的。当然，所有的科目都是这样的，基础最重要。今年高考湖北卷语文和数学难度都降低了，似乎更看重的是基础，是对基础知识的应用能力。

我还推荐他看了《中国青年报》《中国教育报》上刊登的有关今年高考命题的特点。今年是教育改革元年，体现到高考试卷上就是关注现实社会、激发创新表达、注重逻辑思维。作为高中生，应该了解这个，适应时代的要求，提高自己的能力和素质，尤其是思辨能力的培养，是未来高考取胜的关键。

这个双休我是在全身心、全过程、全方位地陪伴儿子，这种相互陪伴让我和儿子都收获颇丰，无论知识还是情感。

37. 7班自己主办讲座

> 重要通知：各位家长，周日晚上6点半到10点，在学校艺术中心一楼2号厅举办“运用思维导图实现自我超越”的专题讲座，由著名培训师杨济玮主讲。此活动系杨同学妈妈组织的，为感念郑老师和家长们的慷慨捐助之谊，切实地为本班同学做点好事。

这是6月6日7班家委会负责人在家长群里发的一个通知。两周前，我们家长为杨同学爸爸组织了爱心募捐活动，并把近3万元爱心款送到杨同学家里。杨同学家人很感动，一直在想着怎么回报我们，于是就有了这个爱心讲座。

讲座差不多是7点开始的，全班学生都参加了，但到的家长并不多，只有十来个。这个可以理解，讲座安排在晚上，一直到10点才结束，时间太晚所以很多家长没能参加。

主讲人杨济玮先播放了一段视频，讲的是新加坡两个家庭怎样教育孩子的故事。这段视频很感人，给人留下深刻印象，尤其是里面的几句经典台词，比如“天下没有教不好的小孩，只有不会教的大人”“多看孩子的优点，鼓励和赞美是打开孩子心门的一把钥匙”。杨济玮说，这段视频是新加坡电影《小孩不笨》的开头和结尾部分，他建议大家可以看看这部电影。

杨济玮的讲座题目是“运用思维导图实现自我超越”。据说他已经在7班讲过一次类似主题的讲座了，所以这次讲座他是有选择地讲的，没有按照PPT上一页一页来讲。讲座开始的一幅图片的变化给我留下了深刻印象，生动表现了部分与整体的关系。重点内容讲完之后，杨济玮就布置了一道现场作业，给每两个同学发了一大张白纸，让大家学画思维导图。

孩子们两两一组开始动手画了，有的还是很有创意的，导图的核心部分用火箭、钻石、梅花等不同的图案，然后向周围不断拓展发散。思维导图主要是训练人的思维方式的，让孩子们学习了解下还是很有帮助的。据说近两年，“思维导图”已成为学校师生经常挂在嘴边的“时尚词汇”。教案不会写，题目不会做，怎么办？先画个思维导图。

孩子们各自画完思维导图后，杨济玮进行了点评小结，并再次激励孩子们为梦想而努力，做好自己的学习计划，践行自己的承诺。讲座结束后，杨同学妈妈把杨济玮最新的学习培训教材《激发生命潜能》送给每个寝室一本，让大家参考学习。

班主任郑老师最后感谢杨济玮的精彩讲座，感谢杨同学妈妈的精心准备，感谢 7 班家长的支持。

38. 告家长书之文理分科

2014 年 6 月 14 日，儿子从学校带回来一封告家长书，是有关文理分科意向选择的。信里说，根据国家和湖北省考试院精神，为了切实减轻学生课业负担，结合学生实际，我校决定从高二开始实行文理分科教学。为此，我们的学生需要选择重点发展科目（普通文科、艺术文科和普通理科）。选择的原则如下。

（1）选择文科或理科完全自主，由家长和学生共同商议决定，老师仅提供参考意见，任何老师不得干预；

（2）选择文理科主要依据学生的学习能力，即在现有情况下，学生哪一科（语数外除外，文科或理科）的学习能力更强，更有发展前途，那么就建议选择这一科；

（3）选择文理科的另外一个重要依据是学生的学习兴趣，即学生对哪一科更感兴趣，以后打算从事哪一方面的职业；

（4）在学习能力和学习兴趣发生矛盾时，建议优先考虑学习能力和发展前途。

这个文理分科的依据比较科学合理，首先是根据学习能力，其次是考虑学习兴趣，最后当两者发生矛盾时优先考虑学习能力。不过一般而言，学习兴趣决定学习能力，哪一科学习能力强肯定对哪一科有兴趣，否则是学不好的。所以，文理分科比较难的是文理科都好的学生，文科也好，理科也好，即我们说的不偏科。那么在选择文理分科时就要根据自己的兴趣了，看看更倾向于哪一科，即更喜欢哪一科，并且将来准备从事哪方面的工作，学习兴趣和职业发展结合起来考虑，这是最好的。

儿子对理科更有兴趣一些，所以对我们来说做出决定并不难，结论是理科。在选科意向表内，儿子在“理科”一栏打钩并签了自己的名字。最后一栏是家长签字，我签上了我的名字。

39. 父亲节，儿子为我唱了这首歌

今天是父亲节，儿子为我唱了目前最火的神曲《小苹果》，感觉真的很开心。

最先知道《小苹果》是QQ空间里有人转了华师版《小苹果》，我并没有点开看这个视频，但我知道一个东西火了之后马上就会有一波跟风者，即出现各种版本的这个东西，比如当年《江南 style》火了之后，各种版本的“style”都出来了。后来又看到儿子的QQ签名“一寝室人围着手机看神曲《小苹果》的视频，又对着歌词高歌，实在是痛快”，我知道《小苹果》已经征服了很多人的心。

《小苹果》为何这么受欢迎？我一直想知道原因，但没有机会或者说没有时间去弄个明白。我问儿子知道今天是什么节日吗，他说是父亲节。我问他给我准备什么礼物了没有，他说慢慢来吧。我说这不能慢慢来啊，今天一下子就过去了。因为他爱唱歌，又在学唱《小苹果》，我就建议他给我唱下这首歌作为给我的礼物。儿子一听，说这个主意不错嘛，马上准备给老爸献唱《小苹果》。

《小苹果》的伴奏他早已下载到电子词典里了，于是他打开电子词典播放伴奏，然后怕忘记词又看着手机上的歌词，开始唱了。“……我

种下一颗种子/终于长出了果实/今天是个伟大日子/摘下星星送给你/拽下月亮送给你/让太阳每天为你升起……”儿子唱歌不跑调，声音也很好听，尤其是这首歌，吐字很清楚。我第一次听，就被这首歌的歌词打动了。

今天儿子给我唱这首歌，正好可以表达父亲节的祝福。我不仅明白了《小苹果》受欢迎的原因，而且体会到了儿子对我的情意。儿子唱的《小苹果》真是很不错的父亲节礼物啊。他唱完后，我给他鼓掌，连声夸赞“唱得好，唱得好”。儿子倒不好意思了，说在家里给我们唱放不开，没有在学校给同学唱放得开。

40. 儿子的高一感悟

周六晚上，儿子在QQ说说里写了这样一段话：

> 高一已接近尾声，感受非常深，总结一下高一生活基本上是轻松与玩，当然接触了不少学霸。我在学习时别人学霸在学；我在打球时别人学霸也在学；我在休息娱乐唱歌时别人学霸也在学。不过我在玩中得到的不仅是一些弥足珍贵的回忆，更有成绩提升的势头、努力学习的劲头。高一，丰富多彩！

再过一个多星期，儿子的高一生活就结束了。文理分科已经确定，他进入高二那就要坚定地朝着自己的理科目标奋斗了。我没有让他总结自己的高一，这是他自己写的。看了这个QQ说说，我感觉儿子慢慢长大成熟了。这个小结很符合实际，儿子的高一生活就是这样的。我不知道他是受到什么影响突然写了这个QQ说说，但这正是他的切身感受。

儿子的高一正如他自己所说，该学习时学习，该玩时就玩。学习、打球、唱歌，可以说是儿子高一生活的主旋律，也是三个关键词。难能可贵的是他能够感悟到“在玩中得到的不仅是一些弥足珍贵的回忆，更有成绩提升的势头、努力学习的劲头”。看来儿子打球、唱歌的玩是有助于他的学习的，两者并不是冲突矛盾的，而是相互促进的。

的确如此，打球让身体好了，唱歌让心情好了。身体好、心情好，学习肯定有劲啊。这就是玩与学的辩证法。会玩也会学，这才是最好的学习状态。一味地苦学，成绩可能是很好，但弄不好心理会出问题。毕竟只感到压力而不会排解压力必然会不利于学习，会影响心情。心情不好，做什么都没劲。这就是心情决定状态，状态决定成绩。

我一直主张，父母不要给孩子施加过多的压力，要让孩子快乐地去学习和生活。学习要建立在快乐的基础上，快乐地学习，快乐地生活，这才是最好的状态。还是那句话，玩就玩个痛快，学就学个踏实。无论学习还是工作，谁能做到这样，谁就能取得好成绩。

41. 孩子考试之后该怎样放松

6月是考试季。大到高考、中考、小升初考，小到年级期末考试。大的考试咱不说，就说期末考试，一个学年结束，考试过后即将升级，开始完全不一样的学习、生活。备考一直到走进考场完成考试的这段时间是高负荷的，考完之后孩子们需要放松，但对此孩子和父母却做得不一定好。

考试之后好好休息，这是孩子的身心健康发展需要，我们做父母的必须无条件支持。但是孩子需要的是放松而不是放纵，更不是毫无节制地上网玩游戏。孩子要进行一些有益于身心健康的放松活动，这就需要父母与孩子有共同的兴趣爱好了。这样，亲子关系会更融洽，父母与孩子的感情会更深。

自上高中以来，我们和儿子几乎形成了不是约定的约定，每次期中、期末考试之后，儿子总是先在学校打下篮球，然后我们一起去外面吃一顿饭，再到影院看一部电影。从考试到打篮球，从吃饭到看电影，我们和儿子之间可以聊的话题就多了，不仅仅局限在考试考题考分上。有时这还不过瘾，儿子还会跟小伙伴们一起约着去放松下，当然也是逛街、吃饭、打球、看电影了。

昨天下午4点，高一期末考试结束。我跟儿子已经约好了，在老地点见面吃饭，然后看电影。天气很好，我想着他会在学校先打会球。这两个星期为了备考，他没有带手机。一会儿，他用同学的手机告诉我不打球了，直接去吃饭、看电影。我到得比较早，先在他师父所在的校园里打了一会儿篮球。

5点多，他给我打电话说到了，问我在哪里。我就从球场赶过去与儿子会面，他背着书包，手里又提个包，正等着我呢。我们先去吃饭，依然是13元一碗的遵义羊肉粉。他对我说了考试的情况，感觉还不错，尤其是语文和英语。吃完饭后，我们就去影院买票了，只有四部影片，我们选择了《变形金刚4》。

这部片子长达157分钟，但给我们的感觉却一点也不长。时间那么快就过去了，主要是情节紧凑高潮不断，剧情完全吸引了我们，所以才不觉得冗长。儿子看得还不过瘾，说准备跟同学一起再看一遍。因为他本来没有准备看这部片子，同学肯定会邀请他再看一次的。这部片子无论表演还是剧情，无论人物还是思想，都给人留下深刻的印象。

打球、看电影、关注时事，正是因为我与儿子有很多共同的地方，所以我们之间的沟通交流才畅通无阻。当然，尤其是考试之后陪着他打球、看电影感觉更爽，身心彻底放松，心情特别愉悦。

42. 我给儿子布置作业

周五下午，儿子考完期末考试。我们一起打球、吃饭、看电影。周六，儿子又跟初中的小伙伴们一起去玩了一天，他说看了电影《哥斯拉》，再去电玩城里投篮，然后吃大餐，最后到附近一个大学的球场打篮球。之所以这样放松，因为刚刚考试结束，老师没有布置作业。

他回家后，我拿着剪好的十余篇报纸文章，对他说“这是我给你留的作业，今晚认真看完”。他接过去一看说“这么多啊”。我说“看着多，其实不多”。这些文章是最近一两周我在报纸上看到后剪下来的，还有漫画，长短不一，内容广泛，包括健康与养生。我对他说“每篇你都要认真看，看完后我们讨论下”。

他读得很认真，差不多用了一个多小时，把我给他的所有文章都看完了。我问他哪一篇令他印象最深刻，他说余海岁的文章，然后就给我们读文中的金句："如果地基不稳，大厦则将倾。学业同样如此。""人在争取成功的过程中，一定不要急于求成，一定要打下扎实的基础。"儿子说，在作者看来，做什么都无所谓，只要感兴趣就可以，而"无论怎样，必须刻苦。成功没有捷径"。回首走过的道路，余海岁总结，人不一定要过早地取得成功，因为很多人很早成功以后，不一定会继续努力。"有的人想当院士，以为当了院士就什么都不用干了。我觉得这是一个错误。院士是一种荣誉，还是要看你要干什么，是为了干事，还是追求荣誉。如果是后者，得到以后就没有动力了；如果是干事，那你就要永远向前。"

儿子给我们读了他最喜欢的这几个地方。他感触很深，说了自己的体会。除了这一篇，还有一篇《少安毋躁》对他触动也很大，这篇文章写的是螃蟹的躁，因为躁，螃蟹不仅一事无成而且轻而易举被捉进篓子里成为盘中餐。我们就这个话题进行了探讨，即当今社会的浮躁之风。

此外，《国外的高考作文》也引起他极大的兴趣。这篇文章写的是美国和法国的高考作文，一个重视对人生的思考，一个重视对哲学的体悟，体现了两国之教育思想。从两国之高考作文题，不难理解法国为何盛产哲学家、艺术家、文学家，而美国则频出科学家和企业家。

43. 一个晴天霹雳的消息

这两天家长群里很活跃，两个话题，一个令人开心，一个令人伤感。开心与伤感，交织在一起。

开心的是杨同学的爸爸抗击病魔取得阶段性胜利。6 月 27 日，杨同学妈妈在群里说："致我勇敢坚强的先生，经过一百多天的努力，我们终于取得了阶段性的胜利——今天走入了移植舱，接受骨髓移植。你的生命一定有无限的潜能，一定会大放光彩！加油亲爱的！朋友们与我们同在！感谢 7 班老师、家长给予我们的支持!!"她还发了两张杨同学爸爸等待手术的照片。

大家看到这个好消息后，在群里纷纷点赞加油：“杨爸爸加油！杨妈妈加油!”“祝杨爸爸早日康复!”“加油！祝一切顺利!”“加油，坚信手术一定会成功的!”这种美好的祝福和真诚的鼓励一直持续到昨天下午。由此可见，7 班家长之间的感情、7 班师生之间的感情，是多么地诚挚、多么地深厚!

然而，今天上午大家获知一个令人无比伤感的消息。8 点 40 分，班主任郑老师在群里说：“我怀着很沉重的心情向各位家长朋友告知——7 班将被拆分，变成文科班。”这真是一个让人心情沉重的消息！怕家长一时不能接受，郑老师一连发了几条消息：“请各位家长朋友平静地接受这个事实，不要追问原因。”“你善意的追问只会加深我内心的沉重。”“我在华师一一直担任班主任，这是第一次由高一升高二时班级被拆分。”“感谢各位家长朋友这一年对班级建设的建言献策与鼎力支持，更感谢 7 班同学这一年对生活的热爱与对学习的执着，在过去的十个月（2013 年 9 月—2014 年 6 月）中，7 班获得六次‘月度优秀班集体’称号，我本人相应获得六次‘月度优秀班主任’称号。”“其他的奖项不一一列举，各位家长朋友只须看教室里的奖旗与奖状。”“当然这一年还开展过诸多富有意义的活动，我相信会在孩子们乃至在家长们的心田播种下热爱生活、幸福人生的种子。”

等不及郑老师再说下去，群里一下子就炸开了锅。一些妈妈发了泪流满面的表情，孩子舍不得，家长也舍不得。郑老师预料到了大家的心情，于是又发了几条消息：“这些固然重要，而眼下最重要的是请各位家长朋友平复心情接受结果。”“7 班 51 位可爱的孩子接下来的去向——选择读普通文科的 4 位同学将在文科 7 班，班主任是我；选择读艺术文科的 4 位同学将去艺术 8 班，班主任是教地理的李斌老师；余下的选择读理科的 43 位同学将按照公平的方式均分到高一年级 1 部的其他班级，班主任分别是化学老师邹桂英、语文老师晏志萍、生物老师熊永华、语文老师叶俊华、物理老师黄诗登。”“各位家长朋友接着就会问：哪个班最好？你能否让我的孩子进某某班？恕我回答：我不能够！我能够做的是：我愿意一直做原 7 班孩子的语文老师。只要他们有问题，就可以随时到办公室来和我探讨。”“这次期末考试我所带的两个班级的语文分数情况如下：高分班 9 班在同类班级中名列第一，平行班 7 班在同类班级中名列第二。”

看到郑老师的这些话，谁还能不理解呢？此时此刻，大家心里只有感谢、感激、感动与不舍。大家你一言我一语，表达对郑老师的感谢，表达对 7 班任课老师的感谢。“谢谢郑老师一年来的无私奉献！”“收到，郑老师，很舍不得你呀，无论孩子分到哪个班，我们和孩子都不会忘记你，是你引领刚刚踏进校门的孩子一点点进步，带领和陪伴他们成长。谢谢！”“感谢郑老师！一年里，孩子们的成长有目共睹，我们永远都会感激你！7 班，永远是孩子们心中最好的回忆！”“心里不好受，还是非常感谢郑老师一年来对孩子们的辛勤培养，是你让孩子们尽快融入了华师一这个大家庭中。谢谢你！”

看到这些留言，谁能不动情呢？我也发了一条消息：“这真是一个不好的消息，但我们必须接受。首先，感谢郑老师，一直以来对孩子全身心地关爱、对班级全身心地投入，我们和孩子将永远记住您！其次，感谢高一 7 班所有的家长，虽然只有短短的十个月，但我们彼此之间的感情已经很深很深，让我们永远记住 7 班。最后，感谢我们的孩子，他们都很争气，我相信无论他们到哪个班都会更加努力、更加勤奋，朝着自己的目标前进！永远感谢郑老师，感谢 7 班所有的任课老师！”

一位妈妈说：“真的很痛心。我们家是乡下的孩子，下了很大的决心、克服了很多的困难才决定到华师一，好不容易适应了 7 班的老师、同学，现在 7 班被拆分，家长真的为孩子接下来的学习、生活很揪心。”彭同学爸爸跟着回应说：“获知这个消息，最难受的应该是郑老师，他在本班倾注了心血，却没有喜获丰收；或许是花开有早晚，花期有短长，7 班的学生应在各自的新班级里发奋图强，力争以优异的高考成绩回报郑老师，和一年来为 7 班孩子付出心血的全体任课老师们！”

我之所以把郑老师和部分家长的话转引在这里，就是想让 7 班的孩子们知道：作为家长我们跟你们的心情一样，对 7 班被拆分很痛心，因为不舍，因为情深，因为热爱。我们跟你们一样，热爱 7 班这个大家庭。就在不久前，全班家长为杨同学爸爸捐款、加油，鼓励他战胜病魔，而杨同学一家为了表示感谢专门请了一个专家为 7 班孩子和家长做讲座。由此可见，我们的班级是多么团结，我们的集体是多么友爱，我们的心态是多么阳光！

这样的班级谁不喜欢？这样的集体谁不热爱？所以，7 班所有的人都想携手一直走下去，最起码这三年可以一起度过。如果我们能够在一起，这将是一件多么美好的事啊！但谁也没有想到，期末考试之后，高一年级 1 部要分开的班竟然是我们 7 班！作为家长，这个结果我是没有想到的，虽然知道 7 班成绩还不是那么拔尖，可能会受到影响，但这个结果真正落在 7 班头上，我们一时还是不能接受。作为成人的我们尚不能接受，更何况十几岁的你们，正是把感情看作比什么都重要的年龄。

毕竟，你们一起经历了艰苦的军训，经历了激情的运动会，经历了各种不同的校园活动。你们一起笑过哭过，你们一起打过闹过，你们一起唱过跳过，你们一起梦想奋斗过。彼此之间，从了解到熟悉，从隔膜到理解，从计较到包容，从嫉妒到欣赏，已经成为无话不说的好兄弟，已经成为心心相印的好姐妹，已经成为相亲相爱的一家人。要让这样的你们分开，这是一件多么令人心痛的事情！你们不舍，肯定会不舍！你们不愿意，肯定会不愿意！

但是我要对你们说，这就是生活，这就是人生，会有很多意外，会有很多曲折。分班不是你们的错，而是为了你们更好地发展。你们可以想一下，学校这样做，不是想当然的，而是经过深思熟虑的，综合考虑各种因素的。毕竟，你们有一个共同的目标，两年之后的人生第一次大考——高考。

我是最反对一切以考试为目标的学习的，也是最反对一切以高考为目标的教育的。但考试与学习并不矛盾，考试与成长并不相悖。虽然高考有各种各样的问题，但不能因为有问题就否定高考、取消高考。我们能做的就是逐步改进高考，让高考更有利于人才的培养，让高考更人性化，让高考更能引领你们的人生。当然，改革高考不是你们考虑的事情，这是国家政府和教育专家应该考虑的。

正因为高考重要，在某种程度上决定一个人的命运，所以谁也不敢不重视它，无论是学校还是家庭。所以，我相信这次分班肯定是有利于你们更好地发展的，有利于你们更好地迎接、战胜高考的。这个你们尽管放心，华师一怎么能拿几十个学生的前途命运开玩笑？无论到哪个班，你们都应该笑着去，笑着学习，笑着生活，笑着面对一切。这种态度很重要，不要带着抵触的情绪，要尽快适应新的班级，对你们来说非常重要。

接受新的挑战，不是每个人都有这个机会的，也不是每个人都能应对的。你们有这个机会，应该珍惜！你们遇到这个挑战，应该勇敢！你们要像在7班一样，尊重老师，团结同学，热爱班级。你们要像在7班一样，专注学习，认真做事，快乐生活。我相信，7班的每个孩子都会做最好的自己，完成一次成长过程中的华丽转身。

7班，一年的7班，也是永远的7班。7班的一切都会成为美好的回忆留存在每个人的内心，更会成为你们前行的动力。从今天开始，你们比别人肩上多了一份责任，因为你们不仅要为即将前往的新班级争光，而且要为你们曾经的7班争光。努力吧，现在还在7班的孩子！我为你们骄傲，因为你们是一群最阳光的孩子！我为你们加油，我为你们鼓掌，请你们去勇敢迎接人生中的每一次挑战，全力以赴，为梦想而战，这样的人生是精彩的。

加油，孩子们！

我要再补充一点，刚去吃饭，没有带手机，几个未接电话都是儿子打来的。因为我没有回话，他又给我发了短信："爸，怎么回事？班是不是被拆了？"我想他肯定是看到我的QQ签名"永远的7班"了。没有想到他还不知道班已经被拆了，可能郑老师还没有来得及告诉他们，而在班级群里先告诉了我们家长。

我赶紧给儿子打电话过去，我听见那边有点吵，他是在宿舍里接的。他第一句就问我："班是不是拆了？"我说："是的，你怎么还不知道？""我只是听说，没有想到是真的。""是真的，7班被拆了。""我这次期末考试考得不好，数学、生物都没有考好。""没有事，一次考试没什么。""嗯，考试我没有放在心上，但7班被拆了我接受不了，心里很难受。""是的，我们跟你们一样，都难过。但分班也是为了你们好，毕竟文理分科，肯定有的班会分开。""是的，我们这次没考好。我先挂了。"

儿子也是一个很重感情的人。我知道他一时很难接受拆班这个事实，我能够想象得到，孩子们知道这个消息后是怎样的一种心情。他们肯定会难受一阵子，毕竟在一起一年的时光是那么美好、那么宝贵。我能够想象得到，孩子们还准备在7班大干一场呢，孩子们还有很多计划的事情要做呢，但来不及了，7班就要在这个周内被拆，不复存在。

与孩子们一样，我也有自己要做的事情没有做呢。作为教育工作者，我非常赞同班主任郑老师的教育理念和他采取的一些教育方式。比如周一下午的班会，他会经常邀请一些专家给孩子做讲座。这个做法就很好，能够开阔孩子们的眼界。我也准备请我的导师（湖北高考语文命题组组长）在合适的时间给孩子们谈谈高考作文的情况呢，但来不及了，没有机会了。谁说这不是一个遗憾呢？

过去的遗憾让我们更珍惜现在，珍惜眼前的一切。我们在芸芸众生中遇到，能够共同度过一段时光，这真是天大的缘分，所以每个人都要珍惜。这就是7班马上面临被拆给我们的最大启示。每个人能做的，就是珍惜现在，珍惜每一分每一秒。该做的事情一定要做好，尽自己最大的努力，只有这样才不会留下遗憾。

感谢华师一，感谢7班，感谢郑老师，感谢上天给予我们的一切！

44. 突然分班对孩子的影响太大了

这次分班对7班孩子影响比较大，论成绩7班一点不差，论各种活动7班表现突出，但7班却被拆了。孩子们不能接受，家长也不能接受，可这是学校的决定，班主任郑老师又能说什么？我们不能改变这个结果，只能接受这个现实。

但我们不妨换个角度看下分班，的确一年的时光经历了那么多事情，7班把大家的心紧紧连在一起，大家都以成为7班的一员而骄傲。这正是大家不能接受分班的根本原因所在，因为彼此产生了很深的感情。之所以不舍，是因为情深。一个完整的班，因为文理分科的缘故要被打散，分到其他几个班里去。

就像一场变故突然拆散一个家庭一样，家人四处流浪，这当然让人感情上难以接受。所以我能理解儿子知道分班后发的QQ说说“心碎的感觉真的不好受……”心碎是舍不得离开朝夕相处的老师、同学，舍不得一起奋斗、生活的7班这个集体。但我们要换个角度来看，7班收获的一切不会因为离开而失去，相反大家会更珍惜。无论走到哪里，大家都会以曾经在7班而骄傲。

虽然不在7班了，但7班的荣光和精神会一直在每个人的内心里。再说大家并没有走远，仍然在一个屋檐下，在一个级部，在一个校园里，甚至在一个宿舍楼，同吃一个食堂，为同一个梦想继续奋斗。如果彼此想念，下课的间隙，饭后的休息时间，都是可以见面聊一聊的。虽然大家不在7班，但心是不会远的。

再说，到了新的班级会收获新的友谊。不忘老朋友，又有新朋友，有新的老师、新的同学、新的榜样，这是一件多么值得高兴的事情啊。铁打的营盘流水的兵，天下没有不散的宴席。一年也好，三年也罢，关键不在时间的长短，而在于用心投入。付出真情，即使一年也会珍藏一生。虚情假意，即使三年也不会留下什么。所以，无论在哪里，大家都要付出真情，用一颗真心对待老师、同学和生活。只有用真心，每个人才能赢得真情。

而真情才是世界上最宝贵的，是多少钱也买不来的。大家舍不得离开7班，是因为彼此都付出了真心，赢得了真情。那么到了新的班级，付出真心，同样会赢得真情。7 班情尚在，又获新真情，这难道不是一件值得开心的事情吗?

多收获一份真情之外，大家还会多一段人生经历。人生丰富、精彩与否，与经历有很大的关系。经历丰富，人生才丰富；经历精彩，人生才精彩。换言之，人生就是经历，无经历无人生。因为从经历中，我们可以学到很多东西。一段经历就是一堂课，一点不亚于你们的课堂，甚至比课堂上学到的知识更多。所以，大家应该愉快接受这段经历，好好珍惜，从中学习体味人生。

当遇到一些不开心的事情，我们不妨换个角度去看看，或许这里面蕴藏着我们意想不到的美好。

45. 班级被拆分的余波

我不想再说一些煽情的话，我只想说：7 班的家长让孩子释放下吧，毕竟孩子们的内心是纯洁的、真诚的、美好的。当有一天，这种美好突然被打破，孩子的内心当然不能承受。从知道 7 班被拆分的消息到等待具体分班的结果，这一段日子是很不好过的。一边舍不得 7 班朝夕相处整整一年的老师、同学，一边在想着自己能够分到哪个班里去，这种伤感和等待确实是一种煎熬。

昨天晚上分班结果出来了，孩子们都有了自己的去处，却高兴不起来，反而更加重了离别的伤感。我打电话给儿子，他说上台为大家唱了一首歌，唱着唱着感情一下子就控制不住了，声音哽咽，唱到高音时忍不住哭了，眼泪哗哗流了出来，每唱一句都要停下来，抹去泪水。

我能够听出来他的声音有点哽咽，从低沉的语调中可以听出内心的伤感。我也不好说什么，毕竟孩子内心积聚的感情太多了，就让他们尽情释放下吧。我问他分到哪个班了，他说是 3 班，同宿舍的两个同学，还有一个玩得很好的同学也到 3 班了。他说：“我一定好好学，证明自己，证明 7 班。”

说实在的，这几天我们一直很关心孩子。这就是成长的过程，一些事情必须要经历，一些伤痛必须要面对。不经历风雨，哪能见彩虹！一切的风雨，都是为了彩虹而准备。我们只有在心里为他们加油，让他们勇敢面对一切。当然，伤心总是难免的。遇到伤心事，不要埋在心里，发泄出来就没事了。所以，无论孩子怎么表现，我们都要能够理解他们的心情，让他们去释放。

刚才看到儿子昨夜 11 点 10 分发的 QQ 说说“晚上在寝室狂欢，释放在班上的哭泣……”昨晚 10 点多，分班结果出来后家长群里就炸开了锅，大家你一言我一语问孩子分到哪个班去了。有的家长说给孩子打电话孩子放声大哭，有的家长说对孩子们来说这又是一个不眠之夜。的确如此，我不知道儿子在寝室是怎么狂欢的，毕竟就要离开生活了一年的寝室，内心里肯定是不舍的。可以想象得到，昨夜是他们尽情释放感情的一晚。

释放出来，消除伤感，卸下包袱，轻装上阵，重新开始，这就是人生。在不同的阶段，每个人都会经历这些。大家难以割舍的不是过去，而是过去曾经在一起的欢笑与泪水。但我们不能生活在过去，而要把握好现在，因为有一个更加美好的未来在等候着我们。放下不是放弃，而是放在心里，让岁月去沉淀，让生活去凝练。无论怎么变，生活的本色都不会变，那就是认真、踏实、珍惜。努力过好每一天，这才是最重要的。

46. 儿子融入新集体

煎熬的一周终于结束了！

从离开 7 班到 3 班成为其中的一员，儿子适应很快，只用了两天的时间。昨晚是他搬入新宿舍 213 休息的第一个晚上，10 点 40 分他的 QQ 说说是这样写的：“经过 7 班，经过 209，看着熟悉的人，抑或是如今的 3 班，都有种归属感，让人心温暖。”

原宿舍 209 与 213 只隔了一个房间 211，7 班与 3 班的教室估计也不远。但就是这样短短的一段距离，让孩子们纠结了将近一个星期，因为不同的宿舍代表的是不同的身份。身份的归属感是内心的一种感觉，并不是外在的环境变了归属感就自然产生了。令人欣慰的是，孩子们的适应能力都很强，告别 7 班，走进新班级，很快就融入了新集体。

今天上午去学校接儿子回家，在 213 帮他一起收拾要带回家的生活、学习用品。两个宿舍是一样的，只不过床铺不一样，209 是在最里面一个铺，现在是在门口的一个铺。我问他怎么样，他说还不错。因为班主任想让 7 班分来的 6 个男生尽快融入新集体，所以并没有把他们分在一个宿舍，而是两两一组分在了 3 个宿舍，这样，孩子心里不会孤独。儿子和 209 的原室友彭程在一起，他俩隔着走道相望。

回来的路上，儿子对我说了这一周分班的很多事情。虽然说起来对把 7 班拆开还有点不平，但感情已经平静了很多。再说新集体也很好，所以儿子内心里还比较满意。昨天下午搬好宿舍后，他就跟 3 班的同学一起打篮球了。他说 3 班打篮球的同学没有 7 班多，并且技术也没有 7 班好。不过这不是最重要的，毕竟最终比拼的还是学习上的实力和后劲。这一点儿子很清楚，篮球在高中只能是紧张学习之余的调剂。

儿子还对我讲了周三下午最后一次班会的情景。班主任把我写给 7 班的文章读给了全班同学，很多人都哭了。他说他是哭得最厉害的人之一，全班给郑老师唱歌时眼泪止不住流淌。他说当时实在是控制不了，只有任自己的眼泪哗哗流了。我知道儿子是很少哭的，但因为这次分班他哭了，并且哭得如此厉害，我是没有想到的。可见儿子对 7 班的感情，正因为此才很难融入另外一个集体。

但好在孩子们的适应能力很强，毕竟大家都还在一起，又有 7 班的同学分在新的 3 班里，所以很快就融入了新集体。

47. 儿子是个有心人

2014 年 7 月 10 日，儿子跟初中的一个同学一起骑车在市内旅行。其实，就是到离家很近的东湖景区骑行。他上午 9 点多出发，下午 5 点回家。出发前，我只知道他用手机导航查好路线，先到东湖再到磨山。因为他经常跟同学一起出去骑行，所以我们很放心。

儿子下午回来后，我发现他是个有心人。这两天武汉高温，并且燥热，要下雨的征兆。这样的天气出去骑行确实不适合，因为出汗多容易中暑。我们没有交代什么，他自己背着书包，里面装了毛巾和短袖。当然，饮水是随时解决的，因为景区卖水的地方很多。毛巾是用来擦汗的，短袖是用来换被汗湿的衣服的。虽然只是一次短途骑行，但他准备得很充分。

实践证明，儿子准备的这些东西都用上了。他说他们骑行了大约五六十千米，东湖景区树多遮阳，并不算太热。他们还上了磨山，门票是 60 元一张。出发前，我只给了他 100 元，没有想到他们会到磨山去。我问他 100 元够吗，他说他自己又带了 100 元。除了买了景区门票、买饭吃、买水喝，他还给一个要过生日的同学买了生日礼物。这说明对这次骑行之旅的花销，儿子心里早想到了，所以就自己又准备了 100 元。

离开东湖景区，他同学想到华师文化街看看。于是，儿子就带着同学骑车到了文化街。逛了之后，他们出南门然后又去图书城了。图书城离华师还有一段距离呢，他们骑车到图书城，看了书、买了书，买的书是老师布置的暑假作业要求阅读的名著。从图书城出来，他们就骑车回家了。整个骑行过程，他们用了近 8 个小时。儿子说，骑行的感觉很好，不会堵车，想走就走，想停就停。不过，这次骑行手机导航帮了大忙。他说导航很方便，就是花费了自己不少流量。

经历就是财富。每次经历都会遇到不同的人和事，学会与不同的人打交道，学会处理不同的事，这就是成长。成长不仅在书房、在课堂、在补习班里，也在路上。儿子说，他们下次要骑车去武汉动物园，体验下过长江的感觉。武汉动物园在汉阳，离我们家大约二十千米。距离不算很长，但骑行需要胆量，毕竟要穿过长江。走长江大桥或乘坐轮渡都可以，正如儿子所说，骑车旅行想走就走，想停就停，自由自在。骑行不仅健康环保，而且乐趣很多，这是一种很好的旅行方式，我们当然支持。

儿子对下次骑行很期待。我相信，有心的儿子骑行在路上，一定可以看到很多别样的风景。

48. 儿子的暑期计划让我佩服

学就学个踏实，玩就玩个痛快，这是我一直主张的观点。学习不能死学，更不能只有学习，也应该有娱乐放松。学与玩结合，身心才健康。

放假以来，儿子把自己的日程安排得满满当当，磨山、光谷、中山公园、欢乐谷，一波连着一波，一出去就是一天，他先后跟小学、初中、高中的同学玩得不亦乐乎。

暑假玩归玩，学习还是要有的，因为学校老师布置了假期作业，这个是必须要完成的。为了过一个快乐而充实的暑假，放假第三天儿子制订了一个计划，具体如下。

8点起床，洗漱10分钟

读书20分钟到8点半

8点半到9点吃早饭

9点到11点学习（做作业1小时，预习、复习、读书1小时）

11点到12点自由支配

12点到13点吃午饭（多余时间做题、练习）

13 点到 16 点休息、听音乐、用手机看 QQ 空间等

16 点到 18 点学习（做作业 1 小时，预习、复习、读书 1 小时，针对弱项英语、生物）

18 点到 19 点吃晚饭

19 点到 20 点用电脑

20 点到 22 点自由支配

注意事项：①每天必读书 1.5 小时到 2 个小时；②各科作业每天必完成一专题；③时间可调整（尽量少浪费时间）；④利用假期与人交流、玩。

这个计划是他自己制订并写在一张 A4 纸上的，虽然简单但很明确，什么时间干什么事，一目了然。计划就贴在书桌前的墙壁上，抬头就可看见。

除了外出参加活动之外，在家里他基本上是按照这个计划执行的。学习的时候他还是很专注的，因为手机没有放在身边。这个是我们要求的，不然会分心。

我比较满意的是注意事项的最后一条，利用假期与人交流、玩，这个很重要。学生平时在校园里接触的人不多，放假了就要多走亲访友，跟不同的人交流，提高与人沟通的能力。学会与人沟通，在今天这个社会太重要了。

我们常说，社会是一本大书。通过与不同的人打交道，了解、认识、读懂社会这本大书，而不是只当一个书呆子，这也是一项重要的学习内容。我们的教育缺失的就是这个，只重课本学习，忽视社会学习。作为父母，我们要把孩子的社会学习这一课补上来。

儿子的计划，既有书本学习，也有社会学习，这一点我比较认可。当然，制订计划容易，落实起来就不那么容易了。作为家长，我们的任务就是督促、指导孩子落实他自己的暑期计划。

49. 儿子第一次看到美丽星空

昨晚，回到乡村的老家，跟村里几个好友吃饭，回到家里差不多

10点了。抬头看天空，儿子一下子被美丽的星空惊到了。他从来没有看到过这么美的星空，深邃的苍穹就像一块黑色的幕布，上面镶满了闪烁的星星。一颗颗星星就像一粒粒宝石，但看上去比宝石还动人。毕竟乡下的星空没有污染，所以看上去是那么令人心动。

儿子一边赞不绝口一边拿出手机要拍下这难得的美丽的星空，但遗憾的是手机像素太低，又是夜晚，拍不出理想的效果来。虽然效果不好，但我相信这样纯净的星空已深深印在儿子的脑海里。对我而言，这样的星空在小时候几乎每个晴朗的夜晚都可以看到，真是星光满天，闪烁不停，令人遐想。但这样的星空随着工业时代的到来已慢慢变少，淡出我们的视野，尤其是在大都市的夜晚，根本看不到这样美丽的星空。

纯净的星空之所以美丽，一个是满天都是星星，一颗挨着一颗，整个天空中都是闪烁的星星；另一个是感觉离人特别近，离大地特别近，就像伸手就可以摘到星星一样，这是星空没有一点污染的效果。而这样的星空似乎只能在遥远的乡下或山间或大漠里才能看到，人多的地方、楼多的地方、车多的地方都看不到。

美丽的星空之所以动人，最重要的还是能够激发人的想象，令人产生很多联想。天上的每一颗星都像一个有生命的个体，代表着一个美丽或伤感的故事。比如看到这样的星空，我们总会不由自主地猜想：哪一颗是牛郎星？哪一颗是织女星？牛郎和织女在遥远的天际正在做着什么呢？是在牵挂着对方，还是静静地进入了梦乡？联想是美丽的，星空带给我们无数联想，所以星空的魅力远远超过一般的景致。

看看星空，让自己的思绪在天际间自由飞翔，这是一件很美妙的事情。所以，当儿子第一次看到这么美丽的星空，发出一连串的赞叹，我能够想象得到星空带给他的神奇之感。但愿，这纯净的美丽的星空能够永远伴随我们，在我们居住的每个地方。

50. 儿子突然就长大了

中国父母最不喜欢的是孩子出去玩，最喜欢的是孩子读书学习，因为在中国父母看来，玩耽误学习，玩荒废学习。殊不知，玩是孩子成长中必不可少的一部分。玩，对孩子成长的意义不亚于学习，关键是玩什么，跟谁玩，怎样玩。出门旅游的玩，不仅能够让孩子亲近、接触大自然，树立爱护自然的环境意识，而且能够让孩子接触更多的人，了解不同人的生活和命运，丰富自己的人生阅历。跟好友结伴的玩，不仅能够增进彼此之间的友情，相互学习各自所长，而且能够扩大视野，增长见识，提升自我。当然，我认为最重要的是每次出去玩，孩子的心情都超级好，那种快乐和开心是很难用语言来形容的。我还发现随着孩子年龄的增长，思想的成熟，每次出去玩都能引发他的思考，触动他的心灵。因为感想很多，内心里有话说，所以孩子就想写出来，把这种感受和情感表达出来。这不，昨天他跟几个小伙伴出去玩，到武汉的几个地方转转看看，他们不仅进一步认识了自己生活的这座城市，而且增进了彼此之间的了解和感情，尤其是对时光流逝的感叹，以及对人生的思考，还有自己担负的责任，读来令人感动和欣慰，孩子长大了！

51. 让孩子有所爱

我总认为，我们的孩子有所爱就好，就怕什么都不喜欢，那就难办了。有所爱才能充实自己，有所爱才能丰富自己，有所爱才能成就自己，有所爱才能快乐自己。一个人，因为他的所爱，他才能成为他自己，而不是别人。一个人，因为他的所爱，他才能活出属于自己的人生。

我培养孩子，努力的目标就是让孩子有所爱。但让孩子有所爱很难，因为我们评价孩子往往不是看其所爱，而是看其考试分数。看分数没有什么不对，但问题是我们往往只看分数，分数成了唯一。你问小学孩子的梦想是什么，回答是考上一个好初中。你问初中孩子的梦想是什么，回答是考上一个好高中。你问高中孩子的梦想是什么，回答是考上一个好大学。你问一个大学青年的梦想是什么，回答是毕业后找到一个好工作。

我们问高中生的梦想是什么，孩子脑子里不是自己的所爱，或者为自己的所爱去努力，而是考上一个好大学（终极目标）。上好大学，孩子可不是为了自己的所爱，而是为了找到一个好工作。至于这个工作究竟是什么，孩子脑子里是空白的，或者模糊的，因为所谓的好工作不一定是自己想要的，或者并不是自己的所爱，而是别人认为好。

这正是我们需要反思之处，孩子不是为自己而活，活出自己的精彩人生，而是为了别人而活，别人说好就是好，人云亦云。教育的追求应该是让孩子去做他自己，即做一个有个性的人。个性来自哪里？个性就是有所爱。有所爱才能成就孩子独特的个性，有所爱才能凸显孩子与别人的不同。

但我们往往剥夺了孩子的所爱，从孩子进入校园的那一天开始，我们就一点点把孩子的所爱剪掉，让本来各不相同的孩子成为整齐划一的只爱学习不爱其他的学生。我们要是能培养出只爱学习的学生也好，但我们的学生并不都是真正爱学习。学习要是自己的所爱，我们的孩子就不会那么痛苦了。考什么就学什么，不考什么就不学什么，怎么能称之为爱学习？

所以，培养孩子有所爱就好，不要一味去追求高分，也不要一味去追求好学校。如果孩子没有自己的所爱，即使考上再好的大学恐怕也不会怎么样，他的生活不一定过得好。因为有所爱，人才有活力。没有所爱，活着多没劲啊。孩子，只要你有所爱，在我眼里就是好的，你就是一个成功的人了。

52. 儿子第一次帮我们做事

昨天，儿子第一次正式帮我们做事，换言之是他的玩发挥了作用。

老家的亲戚来武汉给孩子看牙齿，昨天他们在回老家之前想四处转转，去看看长江大桥。我们就把这个全程陪同服务的任务交给了儿子。为什么要交给他？一是可以锻炼下他的待人接物能力，二是儿子前不久跟同学一起去那里玩过了，三是培养下儿子与老家人的感情。

儿子欣然领命，虽然已经去过了，但这次是当导游，不仅要看还要讲。为了完成这个光荣使命，儿子做了充分准备，他提前在网上查了路线图，地铁怎么走，公交怎么走，玩了之后到汉口火车站怎么走。百度地图功能很强大，他把这些路线图一一拍了下来存在了手机里。他规划好了路线，先搭乘地铁到积玉桥站，然后步行到武昌江滩，沿着江滩欣赏壮丽的长江，然后到长江大桥拍照留念。他还做了预估，亲戚上大桥的话怎么走，不上大桥的话又怎么走，看完长江大桥就带他们去户部巷吃小吃，然后再送他们去火车站。我们对他的设想很赞同，吃的、玩的都有了。

上午 9 点多，我骑电动车把儿子送到亲戚入住的宾馆，地铁口就在宾馆的门口，很方便。在等亲戚收拾东西退房的空闲时间，儿子已经去地铁站里把亲戚一家四口的地铁票买好了。儿子说，先买好票，可以节省时间，他们一下楼来就可以走了。儿子想得挺周到。亲戚一家办完退房手续，我把他们送到地铁口，又交代了几句，他们就下地铁站坐地铁去了。

上午 11 点多，儿子给我发个短信说，他们不愿意去户部巷。我回短信说，尊重他们的意见，他们想到哪玩就到哪。下午 2 点多，儿子回来了。他对我们讲了带着亲戚玩的经过。亲戚看了长江大桥后，没有去户部巷吃小吃，而是乘坐轮渡到长江对面的汉口江汉路，在那边他们转了转，然后儿子打的把他们送到汉口火车站。在火车站儿子和他们一起吃了午饭，他们进站后，儿子就坐地铁回来了。

我问儿子感觉怎么样，他说还不错，就是没有去户部巷吃小吃，有点遗憾。儿子是想让他们见识下武汉品种丰富的特色小吃，让他们真正品尝下不同小吃的味道，没想到亲戚归心似箭，为了赶火车，怕因为吃耽误了行程，所以就没有去。我说，给他们留个念想也挺好，下次来武汉了再过去。我们感谢儿子为我们做了这件陪老家亲戚逛武汉的大事，儿子笑笑说，“这是我的长项，也是应该做的嘛”。我们也感觉到，孩子长大了就是好啊，可以帮家里分担一些事情了。

53. 儿子接受冰桶挑战

这几天冰桶挑战占据各大媒体的重要版面，尤其是名人、明星的冰桶挑战图片和视频更是引起网友关注，也引来网友效仿。没有想到，儿子也接受了这项挑战，被冰水浇了个透心凉。

冰桶挑战赛全称为 ALS 冰桶挑战赛，要求参与者在网络上发布自己被冰水浇遍全身的视频内容，然后该参与者便可以要求其他人来参与这一活动。活动规定，被邀请者要么在 24 小时内接受挑战，要么就选择为对抗肌肉萎缩性侧索硬化症捐出 100 美元。该活动旨在让更多人知道被称为“渐冻人”的罕见病人，同时也达到募款帮助治疗的目的。目前 ALS 冰桶挑战赛在全美科技界大佬、职业运动员中风靡，并已扩散至中国，科技界大佬和娱乐明星纷纷响应。

我和儿子一直通过媒体在关注这个网络公益活动，但只是知道这项活动。昨天上午，儿子的同学元元发短信邀请他参加冰桶挑战。面对挑战，年轻人的选择就是接受。我们本来不想让他做这个游戏，因为他感冒刚刚好一点，但儿子坚持要参加，我们只能支持了。地点选在元元家的楼顶上，冰水各自准备各的。儿子找来一个不锈钢盆，接了一盆水放在冰箱最下面的冷冻室里。他们准备下午 4 点进行这个挑战，我们一再强调安全，不要只图刺激。

下午 5 点多，我在外面给儿子打电话问他们进行了冰桶挑战没有。他说已经结束了，感觉很爽。晚上 6 点多，他在 QQ 说说里记录下这件事：“最近深受网上冰桶挑战的影响。元元同学下午诚邀我去他家楼顶试试，根本无法拒绝的美事。虽说准备得不是太好，没有冻出小冰块，不过也够凉的了。视频发不上来，就截点图留作纪念。”他从视频里截取了 8 张图片，是他们两个分别被冰水浇下来的镜头。

我认为，接受一下这个挑战也挺好，一方面可以了解肌肉萎缩性侧索硬化症以及冰桶挑战这项慈善活动，另一方面可以培养下自己的爱心和意志。

54. 儿子的暑期读书生活

高一的暑假相对轻松，学校没有做任何安排，除了一些暑假作业。儿子没有参加任何补习班，所以比较自由，可以读书、打球、旅游，当然也包括上网聊天、打游戏、发 QQ 说说。读书，我认为是最重要的事情。我曾对儿子说过，一本好书胜过一打暑假作业，好书给人的影响是一辈子的，作业过一段时间就忘记了。所以，暑假的时间应该花在那些能够沉淀在内心里的东西上。互联网时代，很多孩子的兴奋点都被电脑、手机所吸引，能够静下心来读一本书是很不容易的，要有很大的克制力才行。

正是好玩的年纪，儿子的心也常常被网络占据，上网玩个游戏、看个动漫、弄下 QQ 空间是每天必做的事。过去没有网络，我们是有空就读书。现在有了网络，我们是有空就上网。其实，上网究竟要做什么，也没有很明确的目的。时间都耽误在了网络上，不值。在我们的严格要求下，儿子上网、读书两不误。今年暑期，他读了几本书。

我发现，除了学校规定的阅读《红楼梦》《论语》《呐喊》外，儿子自己的阅读倾向性很明显，他喜欢读一些有关男人的小说。这或许与他的年龄有关，正在步入成年，各方面都慢慢成熟起来，他想做一个能够承担责任的男人。所以，我们的推荐他并不接受，他已有自己的阅读取向。今年暑期，儿子选择了三本书，《同学会》《伟哥》《男人的风格》。

《同学会》是山东作家孙健的一部长篇小说，讲的是同学毕业之后的故事，主要是年轻人奋斗成长的内容。作为独生子女的一代，80 后、90 后们很重视同学关系，除了亲人，同学是与之关系最亲密的人了。我能够理解儿子为什么喜欢这本书。这是一部很励志的小说，儿子读后赞不绝口。

《伟哥》是他从图书城买回来的。乍听这个名字，好像是有关男女关系的，其实这个名字来自书中的人物黎伟，因为他的能力、为人而被人称作“伟哥”，说到底这个伟哥是一个很男人的人物形象。

《男人的风格》是著名作家张贤亮的一部长篇小说。小说主人公是新任市委书记，主要内容是这位书记对 T 市进行的大刀阔斧的改革。这部小说可以说是有关政治的，主人公思想解放、锐意改革，最后被提拔为省委副书记，可以说是很“男人”的小说。当然，这位主人公事业风生水起，家庭关系却没有处理好。这可能是 20 世纪 80 年代一些人的共同特征，改革开放初期一些政治人物全身心扑在改革事业上而无暇顾及家庭。

55. 为何要感谢儿子

因为想了解儿子喜欢的书到底是什么内容，因为想知道是什么内容的书吸引了儿子，我就认真读了儿子选购并阅读的三部小说《男人的风格》《伟哥》和《同学会》。三部小说加起来字数将近百万字，但读起来一点也不累，平均两三天读一本的速度，感觉很享受，如同经历三种不同的人生。

本以为三部书里有一些内容是不适合孩子读的，但读完之后发现三部书的内容非常健康，尤其是《同学会》，很励志，能够鼓舞年轻人的斗志。这几本书是儿子先读的，他读完之后就推荐给我们读，他认为写得不错，值得读一读。感谢儿子，为我们推荐了这几本书，为我们的家庭生活增加了很多乐趣。书中人物成为我们茶余饭后讨论的一个话题，好书就是这样，能够丰富人们的生活，让人们懂得追求生活中的真善美。

图书城里那么多书，儿子为什么单单看上这几本书了呢？他的回答是因为书名很有意思，于是就拿起来翻看了，一看内容感觉不错就被吸引了，最后就买了回来。其实，这三部小说都称不上是经典的文学名著。三个作家中张贤亮出名一些，但张贤亮的代表作可不是《男人的风格》，而是《绿化树》《男人的一半是女人》。后者的描写更细腻一些，情感更真诚一些。另外两个作家都是后起之秀，70 后，在文坛中崭露头角，不过作品的思想和艺术价值并不比张贤亮逊色。

我简单说下三本书给我的感受。三部小说都是现实主义风格的作品，并且主要人物都是官场中人。《男人的风格》的主人公是个市委书记，说一不二、大胆创新的改革家，小说结尾时升任省委副书记。因为小说写的是 20 世纪 80 年代初的事，所以人物身上的政治烙印太鲜明，以至于只有工作、只有政治、只有改革，而没有家庭、没有生活、没有爱情。总而言之，小说主人公在政治上是很正很正的一个人物形象，因此给人标签化的嫌疑，所以我并不是很喜欢这样的人。

《伟哥》和《同学会》写的都是当下社会的事，所以感觉尤其真实。这两部小说共同点更多一些，都是同学之间的故事，都是小人物，都是日常普通的工作和琐碎的生活，没有多少惊涛骇浪，但生活之河中的暗流涌动决定了小说中人物的命运。

平时我是很少读当代小说的，毕竟写的就是当下的事，没有经过时间的沉淀，认为缺少检验，价值不大。但读了这几部小说，我的观点改变了，当下作家写的并不都是平庸作品，有一些称得上是力作，能够给我们的人生以启迪。感谢儿子，让我改变了我的阅读取向，过去的经典要读，当下的作品也不应该拒绝，偶尔读几本还是很不错的。

56. 体育带给孩子的不仅是健康

我认为，一个人无论对待生活还是对待工作都要有激情。有激情则会有趣味，有趣味则会有干劲，有干劲则会有创新。人，活着不能没有激情。如果一点激情都没有了，那么活着也就真的没有什么意思了，如同行尸走肉一样。

激情是创造力的源泉，因为人在激情的支配下，常能调动身心的巨大潜力。所以，我们要注意培养孩子对生活、对学习的激情。那么如何培养孩子的激情？两种东西是最有效的，即体育和音乐。培养孩子对体育和音乐的兴趣，乃至于养成习惯、爱好，那么孩子对人生的激情就不会缺失。

其实，体育和音乐对人的影响和塑造作用早已被认可。古希腊先哲认为，体育健全体魄，音乐陶冶心灵。中国先哲同样重视体育和音乐对人的塑造和陶冶作用。孔子提出的“六艺”观，即礼、乐、射、御、书、数，其中就包括音乐和体育。

无论是热爱体育的人，还是喜欢音乐的人，他们对生活都是充满激情的。因为体育和音乐能够给人带来激情，而没有激情是不会喜欢体育或音乐的。我们再看看那些取得很大成就的各种“家”，政治家、科学家、哲学家、艺术家、文学家等，大多喜欢参加体育运动或者欣赏音乐。不仅喜欢，有的在体育或音乐上造诣还非常高。

所以，如果我们的孩子喜欢体育或者音乐，那么我们成人就要大力支持。如果我们的孩子不喜欢体育或者音乐，那么我们要有意识地去培养孩子，通过我们自己的行为示范去影响熏陶孩子。一个喜欢体育又喜欢音乐的孩子，身心怎么可能会不健康呢？有健康又有激情，当然就会有创造了。

57. 高中培养兴趣也不晚

我们夫妻俩似乎都没有音乐细胞，但儿子却非常喜欢音乐。这一点小学还没有表现出来，初中只是喜欢听歌，如今上了高中，他却跟音乐黏上了。

高一进校，他就报名参加了音乐社，当然是唱歌，他说他的高音挺高的。作为音乐社成员，他还参加了高中社团在水果湖举办的爱心义卖活动，他与其他三位音乐社同学登台合唱了一首爱心歌曲。高一下学期，他又参加了合唱团，练起合唱来。所幸的是，参加这些音乐兴趣活动并没有影响他的学习，相反可能有助于他的学习，因为唱歌让人心情好，心情好了，学习效率就更高。

如今高二，学习更紧张了，但他对音乐的兴趣丝毫不减。沉睡多时的吉他终于拿在了手上，趁着中秋假期，学音乐的男孩李强对儿子手把手进行了入门指导。其实，弹吉他很简单，就是一个不断练习直至熟练的过程。没有付出，就不会有收获。学习吉他是这样，学习其他东西也是这样。只是初步练习，儿子就知道了弹好吉他并不是那么简单的，手疼、掉皮是必经之路。

吉他之外，儿子又参加了学校的葫芦丝兴趣小组。老师让他准备一个 A 调的葫芦丝。华师音乐学院专门有位制作葫芦丝并且成为品牌的老师，我跟这位老师的哥哥关系很好，就慕名前往拜访。这位老师是一个民族乐器迷，在他的工作室里摆放着各种民族乐器，以葫芦丝、陶笛为主，兼有其他。走进他的工作室，就像走进一个乐器展览室，各种形状、各种材质、各种颜色，简直就是艺术品。听说我儿子想学葫芦丝，这位老师很高兴，拿出一个崭新的葫芦丝，我看见上面刻有以他名字命名的商标。他吹奏起来，悠扬动听的葫芦丝特有的乐声充满整个工作室，我感觉突然就像到了少数民族地区一样。

离开工作室时，这位老师一再说，等我儿子学习一段时间后，他要当面听一听儿子演奏，点拨一下。这是最好不过的了，作为葫芦丝大师，儿子能得到他的指点真是难得的机会啊。但愿儿子能好好学下演奏葫芦丝，不辜负大师的期冀。看来兴趣这东西是可以自我培养的，我们夫妻俩都没有音乐的兴趣，但儿子却对音乐这么有兴趣。而他对音乐的兴趣完全是自己慢慢养成的，这种能够陶冶心灵的兴趣我们当然支持了。

58. 儿子被“虐”之后的绝地反击

又一个周六，儿子上午补完半天课回来，下午我和儿子还有他的师父照常一起去打篮球。这次打球之后，师父评价儿子说：“长大了。”我也有这样的感觉，这次打球儿子的表现有了一个质的飞跃，这或许是被“虐”之后的小宇宙爆发，也可能是遇到强手之后的自我觉醒。

之前打球，我们从来没有遇到过这么强的对手。无论是跟老师在一起，还是跟大学生在一起，都没有这次的对手强。一开始，我们完全被打蒙了，在儿子看来就是被“虐”。对手人高马大不说，其中两个队员个人技术非常好，速度、运球、配合、投篮，简直就是专业水平。后来儿子了解到，那个最牛的就是专业篮球队的，身高比我们队最高的高了一个头，可想而知哪里还有我们的篮板球。我们队的谁也防不住，就是两个人一起防也挡不住他旁若无人似的进攻。尤其让人郁闷的是，他站在中场远投（十个球能进七八个），球不进的话，他会一下子就跑到篮下抢到篮板球，然后啪地又把球投进了。他的速度之快超出我们的想象，离篮板那么远一下子就跑过来了。而我们还等球落呢，球已经被他抢走了。你说这球怎么打？儿子没有遇到过这样的对手，这样被“虐”，身上有力气就是使不出，他有点泄气了。

下棋找高手，对手强我们才能学到东西。正是因为对手很强，我们队的士气慢慢打了出来，每个人的潜能也被激发了出来。原来打得都比较轻松，都没有下最大的劲。但这次不同了，强大的对手面前自己只有更强，不能被对方的气势所压倒，更不能被对方的威力所震慑。我们队在儿子师父的组织下，慢慢打出了自己的气势。每个人都发挥出了自己的特长，因为我们的气势上来了，对方的气势显得就没有那么强大了。或许对方的气势并没有减弱，因为我们的气势增强了，内心里就不再害怕了。不害怕，自信心也就有了。自信心一旦建立起来，篮球技术和状态也就发挥了出来。打着打着，我们的比分与对手接近了，拉平了，后来竟然超越了对手。有一场球，我们队以 10 比 2 的大比分获胜！

师父就不说了，虽然个子不高，但却是个篮球高手，哪个位置都可以打，尤其是场上的组织能力，更是高于一般的篮球爱好者。我要说的是儿子，在这次打球中，从开始的手足无措到克服胆怯建立信心，再到后来的独当一面投篮就进，完全来了一个华丽转身或者华丽蜕变。就在这次遇到强手的对决中，儿子在篮球上表现成熟了。我们都为他的表现感到兴奋欣喜，的确这是一次“遇强则强”的珍贵经历，更是一次身心和球技共进步的绝好契机。

我们感谢只有一面之交的强劲对手，英雄不问出处，球场上打球都是这样的，大家来自五湖四海，一般不会去刻意问对方来自哪里。所以，这次打球的对方四个人姓甚名谁，我们都不知道。虽然不知道姓名，但他们却给儿子上了生动的一课。球场上打球，不仅打的是身高、体力、技术，而且打的是团队信心、智慧。这就是儿子师父常说的，篮球打的不是身体，而是脑子。打球是这样，做事也是这样。要用脑子打球，要用脑子做事，遇到问题要多想，而不是凭着一股子蛮力应对。

由此看来，篮球场何尝不是课堂？在这个课堂里，身体素质不但可以得到锻炼提高，心理素质同样可以得到锤炼提升。这次被“虐”之后的绝地反击，不就是一堂生动的篮球课、人生课吗？

59. 儿子的国庆假期

国庆长假还没有结束，但儿子的假期已经画上句号。儿子读高二了，学校只放五天假，老师还留了一大堆作业，所以就哪也没有去。不过不出去也好，各地景点都游客爆满，看着就令人害怕，所以在家里还舒服一些。

儿子的五天假期完全是自己安排的。国庆节那天，他和武汉同学带着海南留校的同学去坐了轮渡，逛了江滩，到户部巷吃了小吃，当然还去了武汉市革命博物馆，就在户部巷的旁边。这个路线今年儿子已经去过多次了，带了几拨亲友去了。所以他选择去那里，我就有点担心，怕玩不好。但同样的风景，跟不同的人一起去看，心情还是不一样的，那么风景也就不同了。毕竟，又是国庆节，跟以往不同，江滩的节日味道浓厚。小伙伴们看了一些文艺表演，尤其是书画大师现场泼墨，儿子说开了眼界。

10 月 2 日，没有休息，他跟初中几个小伙伴去看了两个展览，一个是街道口的糖果展，一个是东湖里的恐龙展。他们玩了整整一天，参观糖果展时儿子拍了很多照片，因为是第一次看这样的展览，他说“空气中都有股甜味”。恐龙展没有糖果展好看，但因为是跟亲密的小伙伴在一起，所以他还是挺开心的。毕竟是初中老同学，都是铁哥们，在一起就有说不完的话。平时没有时间聚在一起，假期见个面聊个天，逛逛城市，感觉是很快乐的。

连着玩了两天，累了，再出去玩走不动了。10 月 3 日，他在家赶作业。他说作业比较多，差不多相当于一个寒假的作业了。当然这话有点夸张了，毕竟已经到了高二，老师会逐渐加大作业量。

10 月 4 日，上午他继续赶作业。下午我们去师父那里打了一场酣畅淋漓的篮球，身体得到彻底放松。这是我最喜欢的，陪儿子一起打篮球，不仅增加了彼此之间的默契感，而且可以欣赏到儿子的高超球技。于我而言，这是最快乐的事。毕竟，能够跟儿子一起打篮球的次数也是非常有限的，所以我很珍惜。当然，每次一起打篮球，我们都很开心。不过这次打球有点遗憾，快结束的时候对方一个家伙太猛了，把儿子狠狠撞了一下，当时我也没注意，后来走的时候我看见儿子的嘴巴都肿了起来，乌紫乌紫的。他说里面的皮也破了，张开嘴让我看了下，疼得很。我能不知道吗？打篮球撞着嘴巴，牙齿一般都会把嘴唇顶破的。那个家伙是用头撞的，速度很快，儿子站在那里没有动，他就直接撞上去了。这样的受伤儿子还是第一次，也是一个教训。我对他说今后再碰到这样的人就离远一点，打球就是玩，受伤了就不值了。虽然打篮球一些身体碰撞是难免的，都可以理解，也可以接受，但这样不要命横冲直撞就很危险了，伤了别人也会伤了自己。球场上，我们很不喜欢这样的人，打球太猛，只管硬冲，不顾别人。当然，碰到这样的人最好的办法就是不跟他玩。幸好，儿子的伤没有影响吃饭。晚饭后，我和儿子就直接去电影院了，看的是电影《亲爱的》。这部片子拍得很好，因为拍出了人性，这是很难得的。

10 月 5 日，也就是今天，我们请他爷爷奶奶在东湖边的一家餐馆吃饭。爷爷奶奶很久没有看到孙子了，彼此想念，正好在一起吃个饭。儿子对爷爷奶奶很好，又盛汤又夹菜的。吃完饭，儿子和他爷爷先回去了，因为作业还没有完成，他回家要继续赶作业。我则骑着电动车带着母亲去东湖转了一圈，吹吹湖风，看看风景。母亲眼睛动了手术后一直没有出来玩过，所以趁着天气好到东湖走一圈。母亲很高兴，我也很开心。睡了午觉起来，儿子把上学带的东西都收拾好了。临走时他还是把手机放在了家里，没有带去学校。手机这东西，带着就想摸下，不带会省很多心。他能这样做，我还是很欣赏的，也是很佩服的。毕竟，现在这个时代，手机这玩意简直就成了人体的一个“器官”，少了会很不习惯。但作为学生，手机还是极为影响学习的。能有这个决心，主动把手机这个“器官”从身上拿下来，不容易。即使是成人，也不是那么容易做到的。

这就是儿子的国庆五天假，一下子就过去了，但我认为他过得还可以吧。正如他自己发的 QQ 说说：“五天假期很快就到了最后一天，感觉太快了，还有好多事没做。不过至少我没留遗憾。”只要不留遗憾，就好。即使有遗憾，也是正常的。

60. 在孩子成长中，我最看重的

周三给儿子送饭时，他就告诉我周六下午补完课直接跟同学一起去吃饭，吃完饭再回家。他说有好多同学呢，都说好了。那我就不好再拒绝了。因为他们国庆只放五天假，老早就去学校了，周六下午又补课不能回家，所以我们还是想让他早点回家，跟我们在一起。昨天下午 5 点多，我看他的 QQ 说说“十八个人的大聚会，豪同学请客，公交上的大合照”以及 5 幅在公交车上的照片，知道这次聚会非同小可，幸亏让他参加了。我想儿子这次应该会很开心的，也会有很多收获的。

果不其然，晚上 7 点 15 分他发来短信“现在准备回去了，回去写日志！太开心了”。

这就是我在孩子成长中最看重的——快乐。无论是小学，初中，还是现在的高中，我最关心的不是孩子的学习成绩怎么样，每次考多少分，排多少名，而是他在学校里过得怎样，内心感受怎样，与老师、同学的关系怎样，开心快乐吗。这是我最看重的，孩子要在学校里过得开心快乐，而不是憋闷压抑烦躁。

我欣慰的是，儿子从上小学以来一直是这样的，在学校里过得很开心，与老师、同学关系很好。为什么看重这个？因为这决定着孩子的心理是否健康，决定着孩子的态度是否积极，决定着孩子的人格是否健全。无论是身体还是心灵，我认为健康是第一位的。健健康康成长，快快乐乐生活，这是我在孩子成长中最看重的。健康离不开快乐，有快乐才有健康。成长大于成绩，生活大于学习。所以健康成长、快乐生活是最重要的。

另外，人是有感情的动物。人为什么活着？或活着的理由是什么？我认为就是感情，就是以爱和快乐为核心的人之情。人是为情而活的，没有情不可能活，活着也没有意思。所以，我很看重孩子情商的培养。有人说，一个人成功 80％靠情商，20％靠智商。这话有道理，一个情商低的人，智商再高也很难成功。因为他缺少快乐，不善于跟人打交道，那就很难成功。

所以，除了学习，我很支持孩子参加学校组织的其他活动，班级开展的其他活动，还有他跟同学之间的活动。因为这能够培养他的情商，因为这能让他快乐，因为这能促进他心的成长。我们一定要记住，心的成长是最重要的。心有多大，舞台就有多大。这个心不仅指奋斗目标、美好理想，而且指内心的强大与丰富。一个内心苍白的人，根本看不到这个世界的精彩，更不能创造一个属于自己的世界。

因此，在孩子成长中，我们关注孩子的学习成绩，但更要看重孩子心的成长，看不见的心才是未来世界的主宰。

61. 儿子学会的第一支葫芦丝曲子

上周六晚饭后，儿子用葫芦丝为我们演奏了他学会的第一支曲子——电视剧《大长今》的主题曲。

开始他没有看谱子，前面吹奏得还不错，有点《大长今》的味道，但后面的就不熟了，调子跑了。他拿出自己抄的谱子，看着吹奏，但有两个音还是没有吹准。于是他的师父就哼唱起来，帮助他找曲子的节奏。又练习了两遍，他可以把整支曲子吹下来了，听上去还是不错的。

没有想到只用了一个星期，儿子就学会了吹葫芦丝，并且还能吹奏一支完整的曲子，这是完全出乎我们的意料的。只不过有点遗憾的是葫芦丝质量太差了，可能是小孩子练习用的，不适合儿子了。

兴趣是最好的老师。儿子喜欢音乐，喜欢唱歌，从高一的音乐社、合唱团，到高二的葫芦丝兴趣班，都是他自己选择的。因为喜欢，所以快乐。看着儿子吹奏葫芦丝的认真与专注、投入与享受，我们感觉很开心。尤其是他师父，样样精通的师父，一直边哼唱边打着拍子陪他练习，我们也不由陶醉其中，跟着哼唱起来。《大长今》的主题曲，就这样被儿子用葫芦丝吹奏出来，快乐了他自己，也快乐了听曲子的我们。他说学好之后准备去音乐学院专门向大师请教，我们相信这个时间不会太久。

62. 听到电话里传来的声音，我放心了

每次给儿子打电话或者他给我打电话，首先听到的都不是他的声音，而是宿舍其他同学的笑声、闹声，过一会儿我才会听到儿子的声音，“大家安静下，老爸的电话”。接着，电话里又是一阵嘻嘻哈哈的吵闹声，然后才会静下来。儿子说，他们故意闹呢，好玩。

听到电话里这么热闹、这么高兴的声音，我放心了，因为我能够从

里面感受到儿子是快乐的，孩子们是快乐的。打电话时孩子们故意闹下，说明他们彼此之间关系特别融洽，甚至达到了无所顾忌的地步。这多好啊，在教室里安静专注学习，下课后回到宿舍闹腾一下，大家开心。

我比较看重孩子在校的心情或心境，人的心情好坏是由跟身边人的关系决定的。跟身边人的关系好，心情就大好；跟身边的人关系不好，心情就不会好。所以，学会与身边人相处就很重要了。在校园里，室友关系是最重要的同学关系，也是最重要的人际关系。如果同一个宿舍都相处不好，那么彼此之间心里肯定不舒服。心里不舒服，就会影响生活，影响学习，影响思考。室友关系，说小了影响心情，说大了就是影响成长。

良好的室友关系对孩子的影响是很大的。作为 90 后的孩子，他们往往以自我为中心，个性鲜明，因为家庭等多方面的因素，他们每个人的生活习惯、兴趣爱好、性情性格都是不同的。彼此之间如果不能包容，就很难相处好。学会与人相处，这是做人的必需，也是一种做人的能力。会与人相处的话，就有朋友，就开心；不会的话，就没有朋友，就难受。因为关系紧张，心情就不好；心情不好，做事就做不好。

从电话里，我能够听出儿子与同学是打成一片的。从电话里很响的吵闹声、欢笑声，我也感受到了宿舍如家的那种热情温馨。

63. 儿子在徒步拉练的队伍中

上午 7 时，沐浴着金秋的晨曦，华师一 1300 多名高二学生聚集在厚德广场，即将开启为期一周的社会实践活动。

在 31 支队伍迅速集结完毕后，华师一校长、党委书记周鹏程勉励同学们珍惜社会实践的宝贵经历，增强法治观念，培养关键能力，展现华一人的文明素养与风采。学生会主席徐慧颜同学从周校长手中郑重接过校旗后，在喧天的锣鼓声中，近 1 千米长的队伍浩浩荡荡地踏上了社会实践的征程。

为了缓解徒步拉练的交通压力，学校已提前与高新开发区交警大队取得联系，交警一路帮助疏通交通，还有 62441 部队官兵协助。徒步拉练过程中，同学们队列整齐，相互帮助。无论是在华一寄宿学校的短暂休息还是在 76332 部队的中午休整，都表现出华一人的文明素质。27 千米的路途，未发生任何事故冲突，未留下任何垃圾，在磨炼意志的同时，也是对同学们能力素质的全面考验。

27 千米的徒步拉练过程中有苦也有乐。高二（18）班汪轶凡同学认为社会实践将会是一次令人一生难忘的经历。在社会实践和同学们一起徒步拉练的过程中，他学会了互相激励，通过徒步拉练与共同帮干农活可以培养大家的合作与沟通能力，激动之情溢于言表。

下午 3 时，蜿蜒的队伍行至 62441 部队，热情的官兵用喧天的锣鼓与鞭炮迎接了历经长途跋涉而热情未减的师生们。欢迎仪式上，部队赵旭阳政委对学生们提出“真学真练真体验；真抓真管真紧张；真帮真带真团结”的要求。王忠副校长教导同学们社会实践是认识社会、了解国情、培养社会实践能力，磨炼意志、锻炼体质、培养拼搏精神，联系实际、辨析思考、建设社会主义核心价值观，形成正确的世界观、人生观、价值观的良好机会，五天的宝贵时光值得同学们珍惜。

在接下来的四天中，同学们将体验睡稻草铺、吃农家饭、参观少管所、参加军营打靶等特殊经历。正如学工处主任汪义芳主任所说，“没有比脚更长的路，没有比人更高的山”。社会实践是华一学子征服自我、认识社会、磨炼意志、精诚合作的难忘一课。让我们预祝高二社会实践取得圆满成功，全体参加社会实践的同学收获丰富。

64. 经历才能成长

经历是财富。

儿子就读的高中每年都会在高二上学期开展一次为期五天的社会实践活动。这已经持续近二十年，是传统，是特色，也是品牌。所以，活动前一周儿子就很期待，为活动做准备。因为要铺稻草睡地铺，所以我们就给他买了一个睡袋。这也是本次活动的最重要装备，吃的、喝的、相机、充电器之类的都好准备。

然而今年的活动遭遇了恶劣天气。第一天是 27 千米的徒步拉练，没有下雨，但风很大，并且雾霾肆虐。第二天开始就是连绵不断的雨天，这个雨还相当大，一会中雨一会大雨，白天、黑夜不断。我们想着，这样的天气，孩子们心里一定不爽，这次社会实践活动的效果也会大打折扣。

然而我们的担心是多余的，晴天有晴天的美好，雨天也有雨天的妙处。糟糕的天气并没有让这次社会实践活动减色，相反正是持续的雨天更锻炼了孩子们的适应能力和吃苦能力。虽然没有跟着孩子，但从他的 QQ 说说、学校的官网，还有家长群，每天的活动我们做家长的都很清楚。

第一天是 27 千米的徒步拉练，这个是最锻炼人的；第二天是到少管所参观，接受法治教育；第三天是参加军营打靶和参观中山舰，接受革命传统教育；第四天是到农村劳动和军民联欢，接受农村教育；第五天是整理行装打道回府，培养生活能力。只不过这些活动都有一个大前提——在雨中进行。

我看儿子拍摄的照片，除了室内活动，几乎都是打着伞或者穿雨衣的。无论做什么，孩子们的脸上都洋溢着笑容，开心快乐忘我。我印象最深的是儿子发的一条 QQ 说说，他们十个男生光着身子（只穿了内裤）在军营里用自来水冲澡，当时下着大雨，温度只有十来摄氏度，我们穿着衣服感觉都冷，但十个孩子却在那里冲凉水澡。我很担心他们会感冒，但儿子说大家都好好的。看来真是热血青年啊，体验一下也好，没有热水洗澡就要靠意志了。

儿子说，这次社会实践活动一切都好，就是住的地方有点潮湿，带的衣服几乎没有一件是干的。而最让他不爽的是睡袋里可能进了跳蚤，身上咬了不少疙瘩。可以想得到，军营废弃的大仓库，平时没有人进去，他们搞活动就住在那里面，地板上铺上稻草，稻草里面可能有各种小虫子，所以就不像在家里和学校宿舍那样睡着舒服了。而这正是学校开展这次社会实践活动的一个重要目的，就是让孩子们去吃点苦头。去那里就不是享福的，享福也不会去那里了。

经历才能成长。尤其是今天的孩子，不是缺少吃苦精神，而是缺少吃苦的经历。他们根本就没有经历过吃苦的生活，你怎么能够让他们有吃苦的精神和不怕吃苦的意志呢？所以，我认为学校组织开展这样的活动的最大意义也在这里。这次社会实践活动，由于天气不好更增添了难度和不舒适度，但对孩子们的成长来说，恶劣的雨天却是一种格外难得的恩赐。不经历风雨，哪能见彩虹？孩子们真正体验了一次。

我想，这次社会实践活动的经历，他们会终生难忘的。

65. 儿子学会了珍惜

参加这次社会实践活动，儿子收获很大，增长不少见识，尤其是弄丢眼镜的事情，让他学会了珍惜身边的点点滴滴。

昨晚，电影《007：大破量子危机》放映前，儿子才发现眼镜找不到了。他只带回了眼镜盒，眼镜却不知道到哪里去了。他回忆说在军营看完电影后放在校服兜里了，可是翻遍了校服的每个口袋，也没有找到眼镜。虽然他近视的度数不高，只有一百多度，但没有眼镜要看黑板还是受影响。于是，我们决定到眼镜店再配一副眼镜。

弄丢的眼镜，才配没有多长时间，黑色方框的那种，戴着很舒服，儿子已经习惯了，所以他感到很可惜。再配眼镜，花钱是小事，关键是再也找不到儿子喜欢的那种镜架了。整个眼镜店，几千种不同的镜架，我们几乎看遍了，可是就没有弄丢的那种了。眼镜店服务人员说，镜架是经常更换的，一模一样的可能没有了。

选来选去，最后只好定下了，镜架有点接近，也是黑色的，但儿子感觉却没有弄丢的好。其实，两个镜架差不了多少，但给人的感觉却大不一样。为什么？因为儿子已经习惯了原来的镜架，其实就是有感情了。我们身边的点点滴滴，人和物，都是这样的，朝夕相处，时间长了，彼此之间就会有感情。所以，我们要珍惜。

通过配眼镜，儿子懂得了珍惜。有些东西，天天在身边，就是不觉得珍贵；可是一旦失去了，才知道是多么舍不得，念念不忘。这就是长时间在一起有了感情的缘故，比如家里的一件家具，可能很旧很旧了，但就是舍不得扔掉，因为它承载着家人之间的感情。

学会珍惜，珍惜身边的一切，珍惜属于我们的时光，珍惜属于我们的亲情，珍惜属于我们的宁静。只有学会珍惜，我们的生活才会更有意义。

66. 级部家长会的启示

下午 1 点半参加的是级部家长会，班级家长会因为班主任外出培训学习改了时间。这次家长会两个孩子的成长经历给我们很多启示。

一个是我们 3 班彭程的经历。彭程妈妈说，小学时彭程学习成绩不是很好，经常被老师罚站，教室里、教室外都被罚站过。他喜欢英语，上了新东方的培训班，被老师任命为班长，自信心大增。上了初中后，学习成绩突飞猛进，中招以高分考进华师一。现在学习成绩一直很棒，各方面发展都很好。

另一个是级部主任的孩子的经历。他初中学习成绩一般，中招数学只考了 50 多分，但高考数学却考了 133 分。这个孩子的改变是从高一开始的，初中时他的书写不好，高一每天练习半个小时的书法。一年的坚持，他的书写进步很大，同时学习态度转变很大。从高一到高三，他的学习成绩一直在进步，高考很不错，读了理想的大学。

这两个孩子的成长经历告诉我们，孩子可塑性很大，只要愿意改变，什么时候都不迟。无论何时，我们都要接纳孩子、鼓励孩子、欣赏孩子，孩子的上进心一旦觉醒，改变就是必然的。另外，我们还是要看长远一点，不要只盯住眼前，只看孩子的一次考试成绩，要给孩子反省改进自己的机会。

成长是一个过程，而不是一个点。我们教育的误区就是只盯住一个点，而不愿意多花费一点耐心，给孩子改变、进步的时间。小学不好，初中还有机会；初中不好，高中还有机会；高中不好，大学仍有机会；大学不好，大学之后仍有机会。相信孩子，总会改变，而我们有足够的耐心吗？我想，只要孩子自己愿意，那么进步就是早晚的事。欲速则不达，不要着急，一生很长，踏实走好每一步，孩子才能走得更好、更远。

67. 儿子的数学只考了个及格分

说实在的，今天我是不想出差到北京的，但票已定好，就只能今天出发了。因为今天是星期天，儿子在家里。可不巧的是，他妈妈上班，我又出差，只有他一个人在家里。我是想在家里陪下他的，如果在家里，至少中午的饭可以给他做，下午 4 点可以骑电动车把他送到公交车站，他可以少走一段路。

但我和他妈妈还是早上 8 点多就一起走了，留下他一个人在家里。不过，这样也好，给他一个独立的空间，让他自己安排。如果他能够认识到自己的不足，他就会改变并做好自己的。这次期中考试，他考得很不理想，可以说是遭遇很大的打击。他的数学是最好的，也是最有把握的，但这次只考了 60 多分。他说自己估计的是 110 多分，一下子少了 50 分，这是什么概念啊，可想而知其成绩有多糟糕。

虽然考得很不理想，但他很会安慰自己，说总分还是过了重点线。不过，即使过了重点线，我想也是很勉强的。他自己也知道，这次考试让他清醒了很多，对自己有了一个新的认识。我赞成他师父说的话，没考好是好事，考得不好不可怕，怕的是不知道为什么没考好，怕的是知道了不足却不去努力弥补。

其实，这次没有考好，他自己是很清楚原因的。虽然这次数学考试的重点是排列组合，而他没有重视这一块，所以跌了个大跟头。但这只是表面的原因，根本的原因还是他这一段时间心思不在学习上，没有尽力。比如每个周末回来，不是抱着手机发短信、玩游戏，就是在电脑上弄这弄那，还舍不得他的 NBA、赛车之类的游戏。一分耕耘一分收获，没有付出那么多不可能收获那么多，这是铁律。

这次期中考试成绩出来后，儿子虚心了很多，态度也转变了。上周一个星期，他没有带手机上学，学习效果当然就不一样了。昨天下午回来，不像以前先玩电脑过把瘾，而是谋划自己的学业了。下午5点多睡醒后，他按照老师的要求坐公交去图书城买了学习资料，除了老师要求的，他还自己选了语文方面的。

我走的时候，叮嘱他心思用在学习上，要抓住可以利用的点滴时间。他说还有很多作业，不会再去玩电脑了。我相信他说的话，从他昨晚的表现就看出来了。晚饭后，他扎扎实实学了两个多小时，很专注，很用心。今天下午4点，我还在高铁上，知道他要去上学了，就打了他的手机，关机。我心想，他是不是已经去上学了，手机关机没有带。如果带着手机，他应该不会关机的。但这只是我的一个美好愿望，我不敢确定。我和他妈妈都不在他身边，他能够自觉不带手机吗？

就在刚才，开始写这篇日志的时候，晚上10点20分，他已经下课到宿舍了。我直接拨通了他宿舍的固定电话，因为电话就在他的书桌上，所以电话一通他就接听了。我问他下午上学顺利吗，他说不是太顺利，坐错了车，两个地方又堵车，比平时多花费了一些时间。我最关心的其实不是这个，而是手机。我问他手机，他说关机放在家里了。我表扬了他，这种自觉的做法很好。

谁的青春不奋斗？奋斗的青春最美丽。对自己的学习，儿子是有很大的信心的。我们做父母的，当然也会跟孩子一样有信心了。儿子的表现，我们很满意。我们相信，用这个态度去学习，肯定会学好的。

68. 你是孩子有事第一个要打电话的人吗

当一个人遇到最开心的事和最不开心的事，都想第一时间跟自己最亲近、最信任即关系最好的人分享。不知道做父母的是不是都注意过，孩子遇到开心或不开心的事，自己是不是孩子第一个要打电话的人。如果答案是肯定的，那么你跟孩子的关系就很健康，彼此之间的沟通交流很顺畅，最重要的是彼此信任。

我要说的是，这种良好的亲子关系对孩子的成长能够起到决定性的作用。我们一定要建立起与孩子之间的友好信任关系，其实就是至爱亲情。我认为，关系不是别的，就是感情。关系好，就是感情好；关系不好，就是感情不好。即使是父母、兄弟、姐妹，但如果缺少感情沟通交流，那么彼此可能如同陌路人。

有人认为，父母与孩子之间的亲情是一种天然的感情，不需要刻意去培养，这种亲情也是存在的。从血缘来说，父母与孩子之间是一种天然的亲情关系。但千万不要认为，这种天然的亲情关系会永远不变。亲情本来是一种自然的没有任何利益纠葛的关系，但因为亲情之外的很多东西的侵入，这种关系会变质乃至扭曲。这样的事例在我们身边俯拾皆是，无须赘言。

我想说的是，当今很多父母与孩子之间的关系并不那么亲近友好，并不是彼此信任，无话不谈。孩子幼小的时候，与父母之间可能尚且亲密无间，遇到事情第一时间向父母呼喊求助。但随着年龄的增长，尤其是进入义务教育阶段，学业的压力一天天增大，孩子心里想的与父母心里想的可能会不一样，即孩子内心需要的与父母追求的可能不同，如果父母无视孩子内心的想法，而只是一味单方面要求孩子必须按照自己的要求去做，那么父母与孩子之间的距离可能会越来越远，甚至彼此隔膜、疏离、误解，最后发展到极端就是父母与孩子之间可能会产生肢体冲突。

很多父母总是想当然地认为，自己的孩子就是自己的，他内心有烦恼一定会向自己倾诉。或者父母简单地认为，自己的孩子各方面都表现很好，尤其是学习成绩，孩子不会有什么问题。但我们不要轻易地这样去认为，你看到的只是孩子的表面，如果你不能走进孩子的内心，那么你就不会是孩子有事第一个要打电话的人。一些悲剧之所以出现，原因也就在于此。孩子内心有委屈、烦恼、不快、困惑，你压根就没有看出来，没有感觉到，因为你不是孩子第一个要打电话的人，如果孩子又没有其他人可打电话，那么可能就会出现意想不到的悲剧。然而，等到问题突然爆发，结果可能是谁也不想要的，但为时已晚。

我们应该注意一下，看看我们是不是孩子第一个要打电话的人。我们要做孩子最信任的人，这种信任对孩子的成长来说非常重要，能够给孩子提供强大的内心动力。当然，不一定是打电话，孩子心里有事，我们是不是孩子第一个要倾诉的人，如果不是，我们与孩子之间的关系就存在问题，必须要高度重视，并且想办法解决。保持与孩子良好的互动关系，其实很简单，就是不要给孩子施加那么多的压力，我们少说一点，多听听孩子怎么说，即多听听孩子内心的想法，理解、尊重、支持孩子的想法。

试想一下，孩子无论遇到什么事都第一时间和我们交流分享，把我们当作心中最信赖的人，这是一件多么值得骄傲的事情啊。如果孩子有事，第一个要打电话的就是父母，那么我相信孩子的心理一定也是健康的。良好的亲子关系能够培养孩子良好的心理素质，这是被科学家实验证明的。

69. 只有十分钟的快乐

邻居的儿子正读初三，就在我们小区附近的一个中学。因为面临中考，学习压力较大，每天早上 6 点多就去学校，然后一直在学校里，直到下了晚自习，9 点多才能回家。邻居说，他儿子下晚自习后都要跟同学一起，本来应该先到家，但他非要继续往前走，把同学送到前面的十字路口，然后自己再折回来回家。从学校到跟同学一起到十字路口再到家，差不多十分钟。

邻居曾经问过自己的儿子为什么非要跟同学一起走到前面的十字路口再折回来。邻居没有想到儿子是这样回答的，“我就这十分钟的快乐，你们不要再给我剥夺了”。

十分钟的快乐！每天只有十分钟的快乐，这说明孩子在学校里并不快乐。邻居的儿子把下晚自习后跟同学一起走路、一起聊天的十分钟当作自己一天中最快乐的事，也是唯一快乐的事，不难想象孩子在学校里过得并不快乐。

我们的孩子实在可怜得很，每天只有十分钟的快乐。这十分钟的快乐就是跟同学一起走走路、一起聊聊天，因为这十分钟里他们可以畅所欲言，没有做不完的试卷，没有老师的施压，没有家长的唠叨。

邻居做得不错，听了孩子的话，他们没有再让孩子马上回家，而是同意了他先送同学到十字路口然后再回家。我很赞成邻居的做法，如果连这十分钟的快乐都不给孩子，那么孩子就真的会感觉一点也不快乐了。天天在不快乐中，时间久了心理肯定会出现问题。而心理一旦出现问题，学习再好人生恐怕也会出问题。

站在孩子的角度，不要给孩子过多的压力，要让孩子快乐地生活、学习，这才是我们的学校、教师和家长应该做的。

70. 患难见真情

周二下午 2 点多，我突然接到儿子的电话，心想他怎么这个时间给我打电话，因为这个时间正在上课啊。肯定有什么事情，我赶紧接听电话，原来他中午打篮球，脚又扭伤了。他已在校医务室里做了简单处理，校医建议他到医院拍个片子检查下，所以他就给我打了电话。

一听到他的脚又扭伤了，我有点不高兴，心想现在大冷天打什么篮球啊，但已经扭伤了，说什么都没有用了，听校医的抓紧去医院拍个片子检查下最要紧。我们两个说好到陆总医院去拍个片子，上次脚扭伤就是在那里拍的。我问他怎么走，他说让同学把他送到公交车上，然后他换乘地铁直接去陆总医院。

后来，我知道我们校医院也可以拍片子，所以就让他直接到我们学校的地铁站下车，因为陆总医院比较远，看病的也多，要排队，耽误时间。4 点多，他一瘸一拐地从地铁口出来。我问他怎么样，他说没有上次厉害。我骑电动车带着他直接去校医院，先拍了片子，骨头好好的，就是软组织拉伤，看了结果我们放心了。医生给他做了检查，然后抹上药包扎好就回家了。医生告诉我们，第二天再过来换药。

因为他还要去学校上课，所以我们在家里简单做了饭。吃过饭后，我就把他送到公交站去了。我让他打的，他不同意，说公交车也很方便，有一路车直接到校门口。他上车时已经 6 点多了，路灯都亮了，我有点不放心，问他学校门口安全不安全。他说安全得很，保安都在校门口巡逻呢。我让他一进校门就给我打个电话。

他说他直接去教室上自习，因为那个时间宿舍已经关门了。7点多，我接到了他的电话，他说已经进校门了，让我放心。当天晚上下自习后，我给他打了电话，问他怎么样。他说同学很好，几个同学搀着他回宿舍的。有人要背着他，他感觉不舒服没有让背。大家很照顾他，帮他做这做那的。儿子说，同学之情，还是让人很温暖的。

昨天下午，他又回来换药。几个同学把他送到公交站，这真是患难见真情。

71. 儿子的元旦假期

儿子说，他的元旦假期是从2014年最后一天开始的。2014年12月31日下午1点半，他们班的元旦晚会在教室里举行，儿子表演了两个节目，一个是歌曲，一个是舞蹈。元旦晚会之后，他们6个同学一起去学校附近的餐馆聚餐庆祝。他回到家里，已经是晚上8点多了。

2015年元旦，阳光照到床上了，儿子才起床。吃完饭，时间已是上午10点多了。他要买一件羽绒服，所以我们就一起去了附近的商场。转了一个多小时，终于买到一件心仪的长款羽绒服，儿子很满意。买好衣服，已经快下午1点了。我们就在外面吃了午餐，之前他已经和同学约好，下午要去地大博物馆参观。

午餐之后，快2点了，他就去跟同学会合了。当晚回到家，差不多10点了，他说玩得很开心，先在地大博物馆参观，然后又去汉街万达影城看电影，是同学请的，看的是正在热映的《智取威虎山》。看完电影，他们又找吃饭的地方，开开心心地过了新年第一天。

1月2日，他又睡了一个懒觉，起床之后太阳都老高了。搞了一会学习，他说跟宇叔叔约好了下午出去玩。下午3点半，我骑车把他送到见面地点。晚上回来又是10点了，他说跟宇叔叔和婶婶一起先到亚贸广场看了电影《十万个冷笑话》，然后到街道口创意城逛逛，买了两盒新年贺卡，吃了很多好吃的东西，所以就回家晚了。

1 月 3 日，赶作业日。早晨起来后，读背了一会儿古文，然后就开始写作业，他一坐就是四五个小时。这几个小时里，他全神贯注，很认真，一连攻克了几道难题。当然，因为是新年假期，老师没有布置太多作业，所以他还是在几个小时内完成了，效率还是蛮高的。

下午休息一会儿，4 点 10 分，我送他去公交车站。因为马上期末考试了，他没有带手机，所以一直到晚上下自习后我才打他宿舍电话。我问他上学路上顺利不顺利。他说很不顺利，等了十五分钟车才来，车上人多，一直站着，路上又堵，很晚才到学校。

这就是儿子的三天元旦假期，不仅玩得很开心，而且联系沟通了同学、亲人，享受了美好的友情和亲情。放假就是休息，开学就是学习，这才是最好的安排。我相信，放松之后的儿子，回到学校学习会更用功，效率会更高。

72. 儿子的鼻炎犯了

好的教育就是点燃孩子心中的那团火，唤醒孩子心中的那个梦。

每个孩子心中都有一团火，每个孩子心中都有一个梦。好学校、好老师、好家长就是点燃孩子心中那团火的学校、老师、家长，好学校、好老师、好家长就是唤醒孩子心中那个梦的学校、老师、家长。我们的孩子如果能够遇上这样的学校，那是孩子的幸运；我们的孩子如果能够遇上这样的老师，那是孩子的幸运；我们的孩子如果能够遇上这样的家长，那是孩子的幸运。好学校、好老师、好家长，能够遇上一个，我们的孩子就是幸运的，更何况遇上两个或全部。

我为儿子感到幸运，他遇到了这样的学校、这样的老师，当然还有朝着好家长方向努力的我们。从小学到高中，儿子没有在题海中受到煎熬。我知道，进入高中以来，孩子常挂在嘴边的是刷题。那些成绩很好的孩子都是刷题的高手，因为应试检测需要的就是刷题能力，刷题能力强，考分当然高。但我不想孩子的高中三年，除了刷题还是刷题，除了试卷还是试卷，还应该有其他的生活。当然，有很多人包括高知家长不赞同我的观点，认为高中就是为了高考的，高考需要的就是高分，孩子再怎么样，考不了高分，就上不了好大学。

其实，我跟这些家长一样，心里也想着孩子考高分，能考上自己心仪的好大学。但我的心相对来说，淡一些，冷一些，静一些，不像一些家长那样时刻有一种焦虑感，时刻担心自己的孩子成绩会怎么样，考不好怎么办，考不上好大学怎么办。我想这些确实少一些，给孩子施加的压力也小一些，或者说几乎没有给他什么压力，即定下考试多少分、多少名，必须要考上什么样的大学的目标。我的要求跟别的家长有点不一样，我更希望他在学校的生活能够学得开心快乐，能够跟老师、同学很好地交往相处，能够尝试更多的东西，不仅仅是学习，即孩子口中的刷题。

中学时代无疑是一个人最好的年华。最好的年华应该做什么？我想除了学习刷题之外，更重要的还是成长，身体的、心理的、精神的、情感的、思想的等，包括世界观、人生观和价值观的建构，这些都应该包括在高中生活中。我感到非常幸运的是，从小学到高中，儿子读的学校都不是那种一切以考试升学为目标的学校，而是注重发展孩子多方面兴趣、培养孩子多方面能力素质的学校。这是一个非常重要的前提，一个学校的价值观直接决定孩子的成长。如果一个只盯着考试的学校，我想是不允许孩子做与考试无关的事情的，更不会去开各种兴趣班、办各种校园文化活动了。

我越来越觉得，儿子正在过的高中生活是跟很多孩子不一样的。他也刷题，但他还有自己喜欢的东西，并且去认真地做了。高一的生活，我就不再啰唆了。正在进行的高二，压力倍增，但他有自己缓解压力的选择，参加了学校艺术团中的合唱团，当然还参加了课外兴趣小组学习葫芦丝。艺术团一年之中有两件大事，一个是 1 月的新年音乐会，一个是 5 月的艺术节表演。元旦放假前，我就知道儿子要参加新年音乐会的表演，他们合唱团一直在为之做准备。12 月 27 日晚，他还专门跟我们一起去琴台音乐厅聆听了 Tiankong 合唱团的新年音乐会，目的就是学习他们的经验。不然，我想他是不会有兴趣参加这样的活动的。

我并不清楚他在学校是怎样艰苦排练的，他们的新年音乐会定在1月7日，即本周三。走的时候，他没有带手机，但我每天晚上都会打个电话，问下他的情况，主要是关于他们合唱团参加新年音乐会的情况。周三是开放日，家长下午本来要去学校送晚餐的，但儿子晚上6点半就要表演，他们要提前化妆走台，所以并没有回宿舍。他妈妈送的好吃的都给同宿舍的小伙伴了。晚上10点多，我给他打电话问演出怎么样，他说很成功。接电话时，他刚回宿舍正在洗脸，问怎么洗去化的妆，这是他第一次化妆登台演出。他的激动、开心、兴奋、自豪从他的话音中可以听出来，看来他们合唱团确实表现不错。

昨天上午，家长给我发来新年音乐会的照片，是他们学校微信推送的一组照片，我看到了儿子，站在合唱团的中间位置，很投入地跟其他团员一起演唱。还有其他表演，交响乐、独唱、舞蹈等，我被他们的精彩演出震撼了。我想一个高中能够举办这样一场高水平的新年音乐会，带给师生一场新年的视听盛宴，真是不简单。毕竟，当下教育追求的主流还是考试分数。他们能够精心组织举办这样一场新年音乐会，让孩子们在舞台上去展现自己的另一面，给孩子们更多的艺术享受和另外一种可能，这不是好的教育是什么呢？点燃孩子心中的一团火，唤醒孩子心中的一个梦，这就是好的教育。

下午，儿子从学校回来，我才具体了解了他们合唱团的排练情况。他说，他们每天下午都要排练一个小时，就是为了能够在新年音乐会上有个好的表现。合唱团的成员来自高二年级不同的班，大家彼此之间成为非常好的伙伴，相互学到了不少东西。我想，这样的经历是宝贵的，一群有共同爱好的小伙伴在一起，度过的每一个时刻都会记在心里，慢慢沉淀成为心中美好的东西，情感也好，音乐也好，都会参与到孩子的精神成长之中。

下午将近5点，儿子发了这样的QQ说说："准备几个星期的合唱表演还是比较成功的，并且大家的交流更多了，唱歌的感觉也有变化。中间好多细节让人难忘。头回化妆，硬是洗了十分钟才洗干净。不过还是很多人看好我们，这周幸福感好强！"他配了几张演出前跟合唱团指导老师在后台的照片，真的是很有梦想的一群人在一起的那种感觉。我看了之后是真心被打动了，我想没有在其中的人是不会有孩子内心那种特殊的感受的。儿子的一句“好多细节让人难忘”里面包含着多少东西啊，细节就是故事，故事就是人生。在高中，儿子能有这样的经历，真是幸运！

今晚，央视《中国好歌曲》里面一个 17 岁的高二女孩参加了比赛，她的歌曲打动了我，也打动了所有的评委。当评委问她来参加比赛耽误上课怎么办，女孩的回答是校长要给她们不一样的青春。评委为这个好校长点赞。这个女孩其实最感兴趣的是建筑，她将来想学建筑，但这一点也不影响她写歌词、唱自己的歌。她说建筑是凝固的音乐，真的很棒。她还说她们的社团有个彩虹计划，每年出个专辑。她遇到了一个好学校，能够拥有并发展自己的兴趣，同时也不忘自己的本职——学习。

73. 儿子对将来的认识

2015 年 1 月 10 日，在书房学习两个小时后，儿子与我们在客厅里聊天，谈他近期的校园生活，尤其是参加新年音乐会的表演。他在 QQ 说说里写“好多细节让人难忘”，我让他给我们具体说两三个“细节”。说着说着，儿子谈到他将来的发展，他说他还是想努力考一个好一点的学校，不为别的，因为好学校给人带来的影响和一般学校还是不一样的。他以现在的高中为例，说感谢我们能让他上这样的中学，因为他认识了很多比自己优秀的伙伴。这是最大的收获，能够结识一群优秀的同学是珍贵的。

与更多优秀的人做朋友，并向他们学习，儿子有这个认识，让我们感到很欣慰。他上好大学不是冲着名声去的，而是为了结识更多比自己优秀的人。因为好大学与一般大学的区别，主要是人的区别。最起码，我们还没有想到这一层。儿子能够有这个认识，说明他对自己的将来是有思考的，并且对自己的现在也有清晰的认识。他说，将来读大学还是想读数学或地理。他最感兴趣的是数学，其次是地理。

儿子喜欢地理，我是早就知道的。因为他上初中时就开始关注地理，我们家里的世界地图集不知道翻了多少遍。地理是很好的专业，也是很有意思的专业，我们当然支持了。数学也不错，是基础学科，对我们而言很枯燥，但在喜欢的人眼里就不一样了。儿子想读数学专业，也是一个很不错的选择。我说，这两个专业都不错，将来就选择这两个专业比较强的大学，而不是仅仅看这个大学的名声。

儿子说，这两个专业都想学。我说不影响，在大学里可以选修第二专业。如果读地理，就可以再选修个数学；如果读数学，就可以再选修个地理。只要想学，就有办法。即使不选修第二专业，自己也可以学。大学的学习主要是自学，靠自己去学习，而不是靠老师和学校。儿子点头认同，学习还是靠自己。

我们还谈了在哪里读大学的问题。本科首选是国内，在国内接受本科的学习。关于地方，儿子最想去的还是北京、南京这样的城市，有点文化底蕴。当然，我们建议他武汉也是一个选择，他说读大学还是想离开我们，想更自由一些。是的，一直跟着我们，一直在一个城市，一切都没有新鲜感，我们很赞成他的想法，到外地去读大学也挺好的。换一个城市，就是换一个空间，换一种生活。读大学，都成年了，应该出去闯一闯。

或许，这是孩子们的共同想法。就像一直依偎在父母翅膀下的小鸟，离开父母可能飞得更高一些。我们应该对孩子充分信任，尊重并支持他们的想法和选择。让孩子自己学会思考，为自己的将来谋划，对自己的人生负责，这是很重要的。不过，我也对他说了，无论将来上什么样的学校，无论在哪里读大学，都不是很重要的，重要的是在大学里多读几本书，多结识几个好同学。

毕竟，大学是孩子们的一次身心解放。上大学之后，一些学生容易迷失、迷茫，因为中学的目标只有一个，就是考上大学。当这个目标实现时，一些学生会不知道要干什么。他们从来没有选择过自己所要的人生，一旦把这个权利交给他们，可能就会手足无措。

说得有点远了，儿子对将来的认识令我们十分欣慰。因为我们希望孩子不要做一个只会考试的学生，而要做一个会思考的学生。多想想自己的人生，多想想自己的将来，人生定位清晰之后，努力才会有方向，奋斗才会有意义。

74. 这就是我想要的教育

这个双休，儿子的一张小学篮球队照片在 QQ 空间引起了小伙伴们的强烈共鸣，100 多个点赞，几十个人跟帖评论。一张照片为什么能够引起小伙伴的关注？我想这张照片一定触动了大家内心的某根弦，勾起了很多有关童年的回忆。

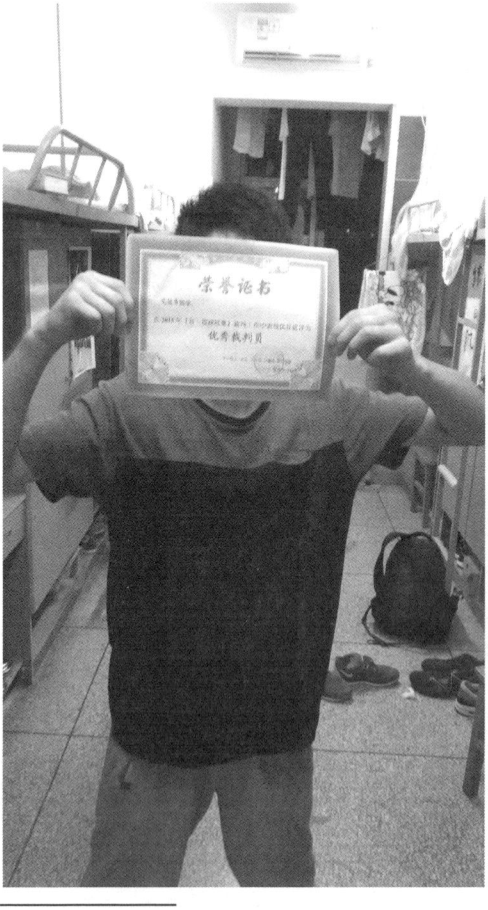

照片中 10 个小伙伴表情不一、动作不一，但都是一脸的稚气童真，还有自信和开心。这是他们备战区小学篮球赛训练的合影，不知道是谁拍的，除了脸部表情和上半身，身后的背景和腿都是虚的，不过有一种朦胧的艺术在里面。

那时的儿子，在篮球队中个子最矮，但他却是主力，因为他喜欢篮球。而这种兴趣的萌芽应该在刚上小学时我经常带着他到球场上玩篮球，虽然他不能把球投进比他高得多的球框里，但从那时他就喜欢上了篮球。这种爱好一直持续到现在，学习再紧张他也要每周打两三场篮球。

这就是我想要的教育，以孩子成长为中心的教育，而不是以学习成绩为标准的教育。关注孩子成长，帮助孩子成长，促进孩子成长，这是教育的终极目的，也是教育的核心内容。成长，包括身体、品质、心灵、个性、人格等多个方面，但我们把成长简化为学习成绩了。因为把重心放在了学习成绩上，孩子成长的很多方面都被忽视了，甚至忽略了。

就拿运动来说，我们总是简单地认为，运动就是体育，用来促进孩子身体发育成长的，只与孩子的身体有关。这种观点和做法我认为是错误的。就拿篮球运动来说，属于体育中的一个项目，许多人认为是有关体育的，即身体发育成长的。但我们静下心来思考下，篮球运动难道仅仅是让孩子的身体素质提高吗？篮球运动需要动脑，可以促进大脑的发育，这关乎着孩子的智商。篮球运动需要配合，可以促进孩子情感的发展，这关乎着孩子的情商。篮球运动需要耐力，可以促进孩子毅力的培养，这关乎着孩子的意商。篮球运动需要拼搏，可以促进集体荣誉感的产生，这关乎着孩子的德商。篮球运动需要艺术，可以促进孩子美感的发展，这关乎孩子的美商。由此可见，对于一个人的成长来说，篮球运动是一个综合的、立体的项目，怎么只跟孩子的身体发育成长有关呢？

篮球运动是这样，其他的教育活动也是这样，表面上看是对某一种能力或技巧的培养，但仔细分析后我们发现对孩子的发展是多方面的。我想要的教育，不是人人考高分的教育，而是人人做自己的教育。给孩子提供一个宽松的成长环境，充分发展孩子的个性，让每个孩子都成为独特的自己，而不是整齐划一的人。

75. 儿子的高二上学期生活小结

上周六晚上，儿子有感而发，写了一篇题为《救球之路》的日志。这篇日志可以说是高中生活的一个小插曲，也是一个侧面，孩子健康快乐成长比什么都重要。先有生活，后有一切，这是人生的铁律，也是教育的原则。教育是为了人更好地生活，或者让人生活得更好。学习只是人生的一部分，生活的幸福与学习没有必然的联系。我总是把儿子的高中称为生活，即高中生活，而不是高中学习。学习太小了，我们要的是生活。高中生活，学习是第一要务，但人的身体、心理和精神状态则决定学习的效果。所以，我们不能只盯住孩子的学习，尤其是成绩，而忽略孩子在学校的生活到底怎样。如果孩子内心不快乐，同学之间的关系不融洽，则一定会影响到学习。儿子很少主动写日志，我也从来不要求他非得写日志，因为没有受到思想感情的触动，写出来也不会好到哪里去。所以，儿子每次写日志都是因为受到某种触动，自己主动去写的。而这样的日志就有意思多了，因为有孩子的内心活动或者思想感情在里面。《救球之路》就是这样的日志，可以作为其高二上学期生活的一个小结。

76. 华师一不拼升学率了

去年，华师一新校长周鹏程一上任就提出了培养关键能力的改革举措。所谓关键能力主要包括批判性思维能力、有效沟通能力、创造创新能力和团队合作能力。这是适应信息时代的人才培养目标，也是培养创新人才的必由之路。教育必须改革，我为华师一的改革勇气点赞。这不仅有利于学校的长远发展，更有利于学生的长远发展。这是一个改革的时代，谁能顺应时代，谁就能成为胜者。谁不愿改革，只能等着被淘汰。

77. 与儿子相比，我自惭形秽

2015 年 2 月 9 日，从卧龙岗景区出来已经 12 点多了，简单吃了午饭，我们一行 6 人就去逛商场了。

南阳商业很发达，高中低档的购物中心很多。我们先在一个较高档的购物中心逛了一个多小时，然后步行两个街区到了一条购物街上。

大家又渴又累，于是我们就买了几段烤甘蔗。身处人来人往的购物街，我们忘记了嚼过的甘蔗渣，直到吐到了地上。

几个女士进店子逛了，我们几个在外面吃甘蔗。在别人的商店门口，又是人行道上，儿子感觉不好意思，因为甘蔗渣直接吐到了地上。

儿子说，我们要找个垃圾箱，把甘蔗渣放到里面去。我四处看了下，附近没有垃圾箱，就说没事的，就吐到地上吧。

儿子不愿意，他不再嚼甘蔗了，要去找垃圾箱。我也感觉直接吐到地上不好，但没有地方可吐，就只能站在人行道与马路连接处，吃完甘蔗吐到那里不容易被看到。

我让儿子也吐在那里，但他不愿意，他还在想办法。因为在大街上吃甘蔗，终归不好，所以我吃得很快，三下五除二就把一段甘蔗吃完了，甘蔗渣也吐了一地。

儿子看我吃完了，就把我手里包甘蔗的塑料袋要过去了。他把甘蔗渣装到了塑料袋里。我知道自己做得不对，但并没有深深自责和检讨。

过了一会，我们也进店子里了。抬头看橱窗外，一位穿着黄马甲的环卫工人正在打扫我刚才吐的甘蔗渣，我感到很惭愧，为自己刚才不文明的行为。因为除了我刚才吐的甘蔗渣，地上还是很干净的，没有其他垃圾。

与儿子相比，我自惭形秽。儿子已经形成了自己的价值观，他认为不正确的事情他坚持不做。而我明知道一些事情不应该去做，比如闯红灯，但有时并没有严格要求自己，总认为是小事一桩，不值一提。

我为儿子的行为骄傲的同时，更为自己的行为感到可耻。很多时候，我们成人做事并不如孩子，我们本该成为他们的榜样，但不仅没有，反而成了坏的示范。我们要向孩子学习，做一个时时处处言行文明的社会公民。

78. 全家扫尘迎新年

小孩小孩你别馋，
过了腊八就是年，
腊八粥，喝几天，
哩哩啦啦二十三，
二十三，糖瓜粘，
二十四，扫房子，
二十五，炸豆腐，
二十六，炖羊肉，
二十七，杀公鸡，
二十八，把面发，
二十九，蒸馒头，
三十晚上熬一宿，
大年初一扭一扭。

这是北方过年习俗的顺口溜。在我们老家，农历腊月二十三最重要的活动是祭灶神，即把旧的灶神画像揭下的同时，家家户户也都要“请”回来一帧新的灶神画像。另外一个活动就是扫尘，要彻底打扫室内，扫尘为的是除旧迎新，拔除不祥。各家各户都要认真彻底地进行清扫，做到窗明几净。

2015 年 2 月 24 日，儿子在群里与小伙伴们聊了腊月二十三的习俗，说了祭灶神。很多小伙伴都不知道这个习俗，尤其是城里的小伙伴，压根就没有听说过。我们也想祭下灶神，但因为没有灶神画像，只好作罢。但扫尘是必须要做的，干干净净过个年，这是很讲究的。一大早，我们全家都起床了。我负责阳台杂物清理和门窗玻璃擦拭，儿子负责书房清理，他妈妈负责厨房清理。

每个人负责的区域，角角落落必须清理打扫擦拭干净。虽然平时也在整理清洁，但还是堆积了不少杂物，有的是舍不得扔掉的东西，有的是放了多年的瓶瓶罐罐，因为过年了，必须来一个彻底的“断舍离”。你一包垃圾，我一袋子杂物，一会儿门口走廊里就堆满了东西。一干就是几个小时，个人负责的区域都清理完毕。我们相互检查，的确大变样，比整理之前清爽多了。

但还有一项重任自然落在了我的肩上，清理各个房间天花板与墙壁相接的角落的灰尘网，有的悬吊着，有的就粘在角落。平日的灰尘很多，时间长了，每个墙角都会挂上一些灰尘网。这个东西很好清理，用扫帚一扫就没有了。但就是有点麻烦，必须站在梯子上，另外要蒙上眼睛、戴上口罩，因为洒扫下的灰尘会飘进眼里、鼻孔里。

小时候在老家，扫尘时父亲和我常常戴着一顶草帽，就是防止灰尘落在头上。我的办法是戴上电动车头盔，把头整个放在头盔里，这样灰尘就不会进入眼睛或鼻孔里了。我站在梯子上，举着一把扫帚，一个房间一个房间清扫。儿子看到了我的这个形象，感觉很有趣，就拿手机给我拍了几张照片。

把所有房间的卫生工作做完，时间已经过了中午12点。劳动量还是不小的，有的腰酸了，有的胳膊麻了，我躺倒在沙发上起不来了。但劳动创造美，看着焕然一新的房间，我们每个人心里都是很有成就感的。清清爽爽迎接羊年的到来，这是最重要的。

79. 与儿子一起看《匆匆那年》

很久很久没有跟儿子一起看电影了。昨晚，我们在家里的电脑上看了2014年影院热映的《匆匆那年》。与《致青春》一样，这是一部怀念青春的电影。

这是一部值得欣赏的青春题材片，我认为在某些方面超越了《致青春》，比如对爱情的深刻阐释，比如对人生的深度思考。

我和儿子被影片中人物的命运深深吸引，也为他们的一次次错过而遗憾。人生就是这样，当拥有时我们不知道珍惜，失去之后才懂得宝贵。可是人生不能重来，有些失去将成为一辈子的遗憾或悔恨。

令我和儿子倍感快乐的是，这部影片为我们创造了一个特别温馨的家庭氛围。因为在自己家里，只有我们两个观众，所以我们可以尽情享受这个美好的只属于我们二人的空间。我们是怎样做的呢？嗑瓜子。

刚刚买的年货，我们拿了半塑料袋在身边，一边观看电影一边嗑瓜子。不像在影院吃爆米花一样，我们一点也不需要顾及他人，因为只有我们两个观众，所以我们肆无忌惮尽情享受美味可口的五香瓜子。当然，我们仍然沉浸在电影情节中，瓜子只不过增加了一种看电影的氛围。

最后电影结束时，我们竟然扔了一垃圾桶瓜子壳。我们两个口干舌燥，喉咙冒火，赶紧倒水喝。

80. 小伙伴们的友谊

孩子成长不能没有伙伴。

独生子女的成长更需要伙伴。同龄伙伴的影响有时会超过父母的影响，所以我们不能不重视孩子与小伙伴们的交往和关系。不要封闭孩子，把孩子关在家里，不让孩子出去跟小伙伴们在一起。很多父母总是担心自己的孩子被其他孩子带坏或给予不良的影响。但这种担心很多时候是多余的，因为我们的孩子并不比别的孩子更优秀。你不让孩子跟其他孩子交往终究不是办法，因为孩子早晚都会离开我们独立生活，他总要面临选择交往伙伴的问题。与其禁锢孩子，不如早点放手，让孩子去跟自己的同学成为好朋友。在孩子与他人的交往中，我们才能更好地引导孩子，结交到好朋友，拥有真诚的友谊。

孩子结交的小伙伴越多，对他的成长越有利。至少，有伙伴的孩子不会是自私的、自我的。独生子女在家庭里往往是非常自我的，因为家庭成员都是围绕着他转的，这样孩子很容易就会形成以自我为中心的性格思维和情感模式。遇到事情，孩子不会换位思考，只会想到自己，而不考虑别人。因为在家庭里，孩子享受的待遇不是对等的，家庭成员会迁就自己满足孩子，或者委屈自己让孩子高兴。没有对等，就很难进行

换位思考。为什么没有对等？就是因为家庭中孩子没有同龄伙伴。在家庭中，孩子的交往是与时时处处谦让他的大人进行的，而没有跟他处于平等地位的小伙伴。而孩子在家庭之外可以结交很多同龄伙伴，有了同龄伙伴，他就会想到对方，会为对方考虑，因为他的需要也是伙伴的需要，他的喜好也是伙伴的喜好。你不让别人，别人也不会让你，这与在家庭中是截然不同的。所以，有伙伴的孩子就不自私、不自我，道理就在这里，他在与伙伴的交往中进行了换位思考。

己所不欲，勿施于人。这个观念靠空洞的说教是建立不起来的，必须在与他人的交往尤其是同龄人的交往中，孩子才能建立起这种观念。这体现了朋辈教育的重要性。在家庭中，如果有两个及以上的孩子，父母就不会只考虑一个孩子，即不会只把关爱给予一个孩子，而是同等地分给所有的孩子。父母与孩子之间虽然不是对等的关系，但孩子与孩子之间是对等的，父母对所有的孩子都是一样的，他们就不会像独生子女一样，独享家人的爱，他们会考虑自己的兄弟姐妹。

因为交往的对等，孩子不仅可以学会换位思考，更重要的是他们能够培养同情心、同理心，还有最宝贵的友谊。友谊的重要性在于一个“情”字。心中装有朋友，我们才能赢得真诚的友谊。友谊让孩子懂得爱的重要性，人与人之间要相互关爱、相互理解、相互包容，这些都是友谊的力量。友谊让孩子懂得“除了自己，他人的重要性”。这一点非常重要，一个人只想着自己，从来不想别人，这样的人就是一个极端自私的人。极端自私就很容易做出伤害他人的事情，甚至是违法犯罪。友谊还能教会孩子分享，不开心与好友分享就会烟消云散，开心与好友分享就会加倍快乐。如果能够这样，孩子就不会被人生中的挫折打倒，更不会因为一些小事而想不开。有了友谊的浇灌，孩子的内心就会变得强大，而不是脆弱如温室的花朵，经不起一场寒霜的侵袭。

鼓励孩子，让孩子多交几个心地善良、志趣相投的小伙伴，他的成长道路会很顺畅的。

81. 人生中最重要的三件事

2015 年 2 月 23 日，我给儿子讲了人生中最重要的三件事。

我认为，人生有很多事情要做，很多梦想要实现，但有三件事是必须要认真思考并好好去做的，即人生有三样东西是要倍加珍惜的。

一是珍惜时间。这个世界是不公平的，生来如此，你抱怨也没有用。但有一样是公平的，即时间。无论是谁，每天都是二十四小时，一秒不多一秒不少。时间是最公平的，也是最公正的。你珍惜一分一秒的时间，把时间用在有意义的事情上，你的人生就与众不同，你就会创造属于自己的人生，谁也拿不走，因为它只属于你。而你想改变命运，别无他途，只有珍惜属于你的每一分每一秒，自然就会改变你的命运。人可以欺骗你，但时间不会。你珍惜时间，时间也会回报你。一些东西必须要靠时间去证明，你没有用那么多时间，你就得不到你想要的。

二是珍惜亲情和友情。生在哪个家庭都是最宝贵的，你的每一个亲人都是最宝贵的，值得你好好去爱的。爱你的家人，因为家人造就了你的一切，你能和你的家人在一起是缘分。世界上那么多人，都不过是过客而已，不是他们不重要，而是因为他们跟你无缘。与亲情一样重要的，还有友情。走出家门，我们就要跟朋友在一起，能够跟我们谈得来的人是不多的，即朋友，我们要好好珍惜。

三是珍惜身体。仔细考虑，这个世界上，如果说有一样东西真正属于你的话，那就是你的身体。当然，你的身体也是你一切价值存在的前提，你的一切都寄寓在你的身体中。没有一个健康的身体，你的很多梦想都会落空。世界很大，但只有你的身体真正属于你，换言之，你的身体是你的，你不珍惜就是你的错。自己的身体自己一定要珍惜，生活规律，健康饮食，加强锻炼，这些都是有价值的，不亚于你心中要实现的梦想。

82. 儿子与他的小伙伴们

再过三天，寒假就结束了。儿子这几天正马不停蹄地赶作业，他昨天还发了一条 QQ 说说："每次放假完快开学时都会拷问并反省自己：我刚放假那阵儿干吗去了？这么多作业没做完。"对很多学生来说，假期都是这样的，好不容易放假了，就是想好好玩下。儿子也不例外，虽然今年已高二，但他与他的小伙伴们假期玩得很开心。看着他与他的小伙伴们那么亲密，我都羡慕嫉妒恨了。

这个寒假，儿子多次与他的小伙伴们一起结伴出游，有时一出去就是一整天，玩得乐不思家。当孩子长大，与小时候有个很大的区别，就是不再喜欢跟父母在一起，而是喜欢跟小伙伴们在一起。我与儿子的关系比一般家长跟孩子的关系亲密，原来打球、看电影、买东西儿子都喜欢跟我在一起，可是现在我求着他一起去看电影他也不是很乐意。如果换成小伙伴邀请他，那就不同了，他立马就去了。

小年那一天，儿子与几个小伙伴一起出去玩了一天。他们先是去玩密室逃脱游戏，之前几次都没有玩通关，这次竟然通关了。然后他们又唱了三个小时的歌。他们竟然还没有玩过瘾，又去影院开个包房看《午夜凶铃 2》。回来时，时间差不多夜里 10 点了，他竟然说还没有玩够呢。

后来又有一天，他跟初中的一个同学相约去东湖骑车。他是午饭后走的，说很快就回来了。可是他一走就是一个下午，天黑透了才回来。一进家，他就说累死了。原来他和同学从东湖骑到华科去了，骑车把华科转了个遍。儿子说，他们就是想看看华科多大，没想到不是一般的大。他们骑了有几十千米，坐在窄小的自行车座上，屁股都磨疼了。

大年初二，他说去日本玩的同学回来了，给他带了不少礼物，他要去见同学。我们有点不愿意，刚刚过了大年初一就跑出去，可他已经跟同学约好了，我们只好开绿灯。那天空中飘着雨，他带着伞走的，也是午饭后，没想到去拿个礼物一直到天黑才回。原来他和同学一起坐地铁去汉阳玩了。儿子还没有去过汉阳，一直想去玩，没逮着机会，这次跟同学一起去了。他们转了很多地方，还去了知音公园。为什么回来晚了？因为回来时坐公交坐反了方向，车到终点站才知道还在汉阳呢。

对他们来说，汉阳就是一个陌生的地方。玩得很爽，经历曲折，回来时他的书包和鞋子都湿了，因为雨一直下，他们是在雨中逛汉阳的。不过，当他从书包里把同学带给他的礼物拿出来时，我们被小伙伴与他的深厚友谊打动了。在国外游玩，同学还想着自己的伙伴，并带了一大堆礼物，有好吃的日本食品、好看的日本富士山纪念品，还有一支精美的日本钢笔。

儿子性格开朗，待人真诚，所以小伙伴很多，有小学时的铁哥们，有初中的同学，也有现在的高中同学。对孩子来说，多一个小伙伴，就多一份快乐、多一份关心、多一份友谊。愿儿子与他的小伙伴们开心快乐成长。

83. 儿子的灰色星期五

上周五，对儿子来说是灰色的。下午将近 1 点，他打电话说，要我给班主任打电话。我问什么事，他没有说，就是说班主任让打的。从他的语气我能判断出，可能不是什么好事。年前快放寒假时，儿子也给我打了个电话，说他的电子词典被班主任收走了，让我给班主任打电话求情，把电子词典还给他。我没有打电话，而是让他自己想办法要回电子词典，自己犯错就要自己承担。后来，放假前他自己去找了班主任，把电子词典要了回来。这次，他没有说什么事，我也没有细问，因为他马上就要上课了。但我知道他肯定又做错了什么。

下午，我有事，就让他妈妈给班主任打了电话。晚上，我终于知道是什么事了。原来他中午放学后跟一个同学出去到网吧了，两个人正玩得不亦乐乎时被班主任抓了个现行。班主任当然很生气，严肃批评教育之后，让他要我打电话。我听后是吃了一大惊，上高中以来他是从来不到外面网吧去的，即使在家里玩网络游戏也不多，虽然他很喜欢几款游戏，比如地下城、NBA 比赛等，也只是在假期里玩一下，即使这样也是时间一到就不玩了。这次出校到网吧，儿子解释说一位同学极力邀请他去的，因为那位同学知道班主任下午要出差，他一个人又不好意思，就这样两个人头脑一热就出去了。

当然，同学的邀请是一个因素，主要的还是自己的原因：一是存在侥幸心理，认为班主任走了，抓不住的；二是同学请他出去的，不好意思推辞。但这仍然是一个很严重的错误，一个不该犯的错误。班主任之所以特别恼火，是因为我儿子刚刚竞聘当上团支书。周一当上团支书，周五中午就犯了这样的错。班主任怎能不生气呢？我听了当然更生气，自从上学以来，他几乎一次也没有违反过学校纪律，一直是一个遵守纪律的模范。现在高二了，学习已进入最关键的阶段，他竟然犯这样的错误。

平时，儿子对自己要求还是比较严格的，老师布置的作业都会按时完成，从来没有找什么借口不完成学习任务。这样一个错误对他来说可是一个天大的错误，从班主任抓住他那一刻，他就意识到自己犯了一个很严重的错误。这可不是在班里被班主任收走手机、MP5 之类的违规，而是触犯了学校的规章。当晚 10 点多，他发了一条 QQ 说说“感觉犯了有生以来最大的错误”。当晚，他还很关切地打电话问我们班主任是怎么说的，因为是他妈妈接的电话，我听见他问我是不是很生气。他知道我一定很生气，因为我一般都不会生气。其实，我心里已经原谅了他，犯错不怕，能够深刻认识并改正错误就好。

本来我们约好的周六中午放学后，先在他师父家里吃饭，然后一起去电影院看《狼图腾》的，但他知道自己犯了这样的错，就对他妈妈说放学后直接回家，电影不看了。这样也好，回来后我是要好好跟他谈一谈这次错误的。回家后，我们就这个问题谈了一个多小时。他对自己的错误认识很深刻，说再也不会做这样的蠢事了，电脑游戏也不再玩了。他说，自己都管不住自己怎么去管别人，他不能让同学们看不起自己。其实，他的克制力还是比较强的，不像有些孩子，玩起来什么都不管了。尤其是玩电脑游戏，他一般不会超过一个半小时，无论玩到哪个场景，他都会下线关机的。

不过，这次错误对他来说是一个深刻的教训，对他也是一个深刻的教育。人就是这样，不跌倒不知道疼。一个灰色星期五的经历是一个不平常的经历，也是一堂生动的人生教育课。

84. 最幸福的匆匆那年

2015 年 3 月 8 日中午给儿子做的羊肉面，味道很不错，正宗地道的家乡味，特别好吃，一大锅被我俩全吃掉了。熟悉的家乡味一下子勾起我的回忆——离家求学期间那最幸福的一年。

1988 年，13 岁的我第一次离家到镇上初中读书。镇上离家有十几里路，所以就不能在自己家里吃住了。年龄小，离家远，父母很重视我到镇上读初中这件事。幸运的是，父亲找到了他的老战友万宝喜。万叔在部队学的是厨师，他的手艺很精湛，复员回老家后就在镇上开了一个餐馆。万叔个子不高，长得却很胖，一看就知道是个大厨师。

老战友找上门来，又是为孩子上学，万叔格外高兴，当即就答应让我吃住在他家里。正好他的女儿也读初中，做饭就是“多添一勺水”的事。那时，家里穷得很，没有钱，作为回报，父亲就每月送一袋麦子，算作我的口粮。万叔很大方，他的生意很好，也不在乎这个。他不让父亲带麦子去，但拗不过就应允了。

万叔没有儿子，所以就把我当儿子养了，对我一点也不见外。看万叔对我这么亲，虽然婶子有点不高兴，但也没有办法。其实，婶子也是很喜欢我的，她一直想给万叔生个儿子，可是未能如愿，她也能理解万叔的心。不仅因为我学习踏实勤奋，成绩比较好，更重要的是我还比较懂事，放学之后到餐馆不是先吃饭，而是帮着干活，收拾碗筷、做卫生、擦桌子、端菜、摘菜、轧面条等。我什么活都干，就像万叔家的一员。毕竟，咱是地地道道的农家子弟，在家里干活多了，这点活也不算什么。

我印象最深的就是夏天，到餐馆吃捞面条的客人多。即使是吃完酒菜，主食仍然会吃点捞面条的。万叔的手艺好，为人又大方，所以餐馆的生意很兴隆，需要面条的量就非常大。那时候还没有机器轧面条，纯粹人工，先打面团，再放到面条机上去轧。万叔要炒菜，没有时间，所以轧面条的任务就落在婶子和我身上了。有时候，万叔的女儿也帮下忙，但她毕竟是女孩，没有劲，摇不动面条机。万叔家的面条机不是那种家用的小面条机，而是那种能供很多顾客吃面的超大面条机。

一般情况下，都是婶子先把面团提前打好，几乎是一大盆，是那种洗衣的大塑料盆，小孩子可以在里面洗澡的。我们放学的时候，也正是顾客进餐馆吃饭的高峰。二话不说，我挽起袖子，就帮婶子轧起面条来。等把面条轧好，万叔会抽空给我们俩学生做饭，夏天中午一般是捞面条，冬天一般是肉面条。有时，客人不多了，万叔还会给我们做炒面条。无论哪种面，万叔做得都超级好吃。那个味道是一辈子也忘不掉的。那些年，各种食材都是很健康的，尤其是猪肉、鸡肉、鱼肉等，比现在好吃多了。

中午，为了赶时间，万叔就给我们做面吃。早上和晚上，万叔会给我们炒菜，主食就是馒头和稀饭，或者米粥之类的。万叔是没有把我当作外人的，所以家里只要有好吃的，无论是买的，还是别人送的，都少不了我的。在镇上，万叔是很有名的餐馆老板，方方面面有头有脸的人认识不少，所以他家里也就有不少好吃的。换作在我家，可是享受不到那么好的美食的。

这是吃的，也是最重要的。对于一个在外求学的农家孩子来说，还有什么比吃更重要的事情呢？那时物资还不丰富，不像现在要什么有什么，别说吃好了，就是吃饱都很难。我记得很清楚，那时候学校里卖得最好的东西有两个，一个是袋装的方便面，一个就是五分或一毛一碗的茶水。白天吃不饱，晚自习后，住校的学生会一窝蜂涌到几个小卖部，买方便面和茶水。

再说住的，条件没有吃的好。因为餐馆的房子是万叔租的，他家可不在镇上，而在离镇子有四五里路的一个村子里。他们全家住在一个卧室里，其他就没有卧室了。我就住在被隔开的小包房里，两条长凳子，一块门板或两块门板，就是我的床。晚自习后临时搭起来，早上再收起来，因为白天小包房还要待客呢。即使是这样的房间，我也很满足了。在学校里是怎么住的呢？一二十个人一间寝室，大家挤在一起，各种气味，超级难闻。

初一一整年，初二有半年我都住在小包房。后来因为婶子身体不好，万叔带着她去看病，我只好吃住在学校了。后来的求学，无论是在哪里，都是吃住在学校，吃在学校的食堂，住在学校的宿舍。条件再好，我感觉也没有万叔那里的条件好。虽然只是短暂的一年多，但那一段日子却深深刻在了我的脑海里。无论何时，回忆起来都是无比幸福的。于我而言，在万叔家的那些日子，真是我求学期间最幸福的匆匆那年。当然，这也是我这辈子最幸福的一段时光了。

时光匆匆，转眼又有几年没有见万叔了。万叔，您还好吗？万叔，我永远爱您！

85. 与儿子探讨生命的本质

一切有生命的东西，其本质是一样的，即生长。有生长，就有生命；无生长，就没有生命。那么生长有哪些特点呢？在这个春季，我真切地看见了生长，感受到了生长，触摸到了生长。那就是身边植物的生长，那么鲜明，那么突出，那么惊人，那么美好！我被生命的成长，即生长所吸引。我要把这眼前植物的生长用镜头定格下来，与儿子分享。换言之，我相册的“生长”组照是专门为儿子拍摄的。我要让他看到生长的样子，感受到生长的力量，体会到生长的美好。

拍这组照片的想法，我一周前就有了。我先看到了小区枇杷树的生长，然后是香樟树的生长，还有其他知名的、不知名的植物的生长。它们生长的样子令我感动，它们生长的状态令我振奋，它们生长的劲头令我敬佩。从植物的生长我看到了生命的本质，想到了人的生命的价值，正在于“生长”二字。先拍下来再和儿子交流吧，我拿起相机站在阳台上拍枇杷树的生长，到楼下拍香樟树的生长，又到南湖边拍各种植物的生长。拍完之后，我发到了QQ空间相册，每一张我都舍不得删，哪怕是一样的镜头，因为我被每一张照片中的生长所打动。

发完之后，我和儿子一起欣赏。我就是要让儿子看到生命的成长，即生长是什么样的。我让他发表自己的感想，谈谈对生长的理解。他说生长很精神，很有力量，也很娇嫩。我也说了自己的想法，生命的本质是一样的，都是生长。而生长有哪些特点呢？从照片中我们可以看到，生长至少有三个明显的特点，一是新的，你看每种植物发出来的叶片或嫩芽都是新的，与身上的老叶明显不同。二是向上，无论哪种植物的生长都是向上的，它们的方向是一样的。三是壮大，植物生长之后明显变强壮，体量变大，空间也更大。这就是生长，新的，向上，壮大。

儿子啧啧称赞，很认同我的观点。我继续说，植物的生长是这样，我们人的生长也是如此。你每天学习新的东西，取得新的成绩，说明你在生长，不然你的生命就是停滞的。我们的生长只有一个方向——向上。只要生长，我们就会壮大自己。儿子终于明白了我为什么拍植物生长的照片了，就是为了与他分享成长的道理。

86. 儿子的“大爱萌芽”

“大爱萌芽”，这是儿子QQ空间的新标签，我今早刚看到的。我喜欢这个标签，喜欢这几个字，喜欢这种积极向上的态度。儿子了不起，不知道他怎么想起来用这几个字来定义自己的空间，应该是他的内心变得越来越强大了。

《萌芽》是儿子最喜欢的一份杂志。这份杂志是他自己阅读并爱上的，我读中师时也经常阅读这份杂志，是一份适合年轻人阅读的文学期刊。他是读高中才喜欢上这份杂志的，每期出来后，他都会去报摊买一份。有时候，他会带一本《萌芽》回家，放在床头，晚上睡觉前看。

萌芽，代表着生长，代表着变化，代表着进步。萌芽，力量可能弱小，但终有一天会长成参天大树。萌芽，再伟大的东西也要从此开始。谁也不能超越这个阶段，这是成长变强大必经的阶段。

爱心亦是如此，小的可以变成大的，少的可以变成多的，弱的可以变成强的。小爱生长，终究成大爱。大爱萌芽，就像日出东方，跃出海面，阳光普照，点亮世界，温暖人间。

大爱萌芽，儿子有这样的思想，或许跟他这学期当上团支书有关。开学第一周，班主任就任命他为团支书，当然是公开竞聘之后任命的。当上团支书，肩上的担子就重了，心里的责任就大了。一言一行，都要从班级和集体的角度考虑，站在大我而不是小我的层面看待问题，这是一个飞跃。内心只有自己的小爱，就很难做好团支书的工作。大爱萌芽，班级如家。我想，儿子应该是这样思考，于是，就有了 QQ 空间“大爱萌芽”的新标签。

大爱萌芽，我们要呵护，我们要鼓励，我们要扶持。因为大爱萌芽，所以人间美好。

87. 樱花之旅

昨天儿子回来说，今天要跟同学一起去武大看樱花。今早不到 8 点，他就起床了，就是为了去看樱花。我要送他妈妈去上班，所以他自己坐公交去的广埠屯，那里是华师北门，也是武大信息学部的南门。他们约好在那里碰面，然后穿过信息学部再到武大正门。

在办公室上网，我看到儿子昨晚发的 QQ 说说，“想想明天可能冒雨赏樱，想想兴许还能看到樱花女神，想想就兴奋”。他走时，天气很好，不像有雨。他走的时候似乎没有带伞，到了上午 11 点半，窗外噼里啪啦果然下雨了。开始雨很小，十几分钟后就转为中雨了。不知道小伙伴们玩得怎样了，果然如儿子所言，冒雨赏樱了。

雨一直下，并且有大雨倾盆的架势。快下午 2 点时，还没有他的消息，我就发了条短信，问他什么时候回来。他回短信说彭程爸开车送他回来。一会儿，我接到他的电话，让我拿把伞到小区门口接他。外面风雨交加，一点不像春天的雨。我赶紧换上球鞋，拿着伞去接他。迎着风雨，到了小区门口，他们已经到了。儿子下车，我赶紧把伞递过去，彭程爸开车回去了。

我问他玩得怎样，他说还可以，等人等到 10 点钟，因为人多，有十三个人，10 点才进去。我看了他相机里的照片，虽然已经是樱花晚期了，看樱花的人仍然很多，人头攒动，煞是热闹。我问他怎么吃饭的，他说在东湖边的美味故事，四个武汉同学做东，请外地同学，总共花了四百元。我看了照片，十几个人围坐在一张大圆桌周围，菜很丰盛，大家很开心。

这样的安排挺好，武汉同学请外地同学，这是基本的待客之礼。十几个同学，有一半以上是原来 7 班的，另外是现在 3 班的。我相信，通过这次樱花之旅，他们的友谊会更深。时间过得很快，明年这个时候，就要准备参加高考了。实际上大家在一起只有一年时间了，要好好珍惜眼前，不要等到美好过去才懂得珍惜。

88. 儿子当向导

2015 年 4 月 4 日上午大雨倾盆，我们两家五口还是风雨无阻去了梁子湖碧桂园假日半岛。在附近的一个农家菜馆吃了午饭，我们就直接回武汉了。经过藏龙大道，陈雪玲院长的老公说到一附中去看下，我们都说好。十几分钟，我们就到了。车子停在南侧门外的停车场，我们几个步行走进校园。虽然雨下得很大，但我们几个游兴很浓。儿子已经在那里生活、学习了两年，对一切都很熟悉，他就做了我们的向导。

儿子边走边介绍，右边是学校的特色餐厅，有小炒，他和同学经常过去。另外还有运动员餐厅，是体特生的专用食堂。左边是洗衣房、理发店、蛋糕房，一切生活设施都很齐全。往西拐是一条大道，儿子说沿着那条道直走可以到学校北门。前行几百米，大道一分为二，右边一条是向西北通向北门的，左边一条向西通向中心区的。我们沿着左边一条大道走，先是学生生活区，是一排排的学生宿舍。然后到了一个超市前，右边是学校的食堂，能容纳几千名学生同时就餐。再往前走是学校体育馆，儿子说里面设施很齐全，有羽毛球场、乒乓球场、篮球场等，而楼顶则是网球场，合理利用资源。与体育馆对着的是运动场，很大，有看台，有塑胶跑道，有足球场，一般大型活动都会在运动场举行。

再往前走就是教学区。儿子说，教学区所有的楼房都是连在一起的，到那里面就不用再打伞了。教学区包括所有的教学楼、办公楼、实验楼、艺术楼，还有几个报告厅等。一附中最气派最壮观的就是教学区建筑群，不仅设计科学合理、左右对称，具有鲜明的民族风格，而且居于学校最佳的地理位置，雄霸最高点。我们走进楼道，收起雨伞，跟着儿子一一参观。先是高三班的教室，很安静，门口放了很多雨伞，教室里有学生在上自习。我们不敢高声交谈，细步轻声经过。教室门口宣传栏里的“奔跑吧，2015”“拼”等字样，平添了一份紧张庄重的气氛。

穿过高三教学楼，我们来到科教中心，这里面有校史展览室，有报告厅，有艺术楼等。在儿子的带领下，我们先到了校史展览室，一侧墙壁上是从一附中走出的知名校友的照片，有政界精英，有科技英才，有商界名人，还有将军等。看着这些杰出校友，儿子脸上露出自豪感。校友墙上还有两个空白，上面写着“华师一将因你而骄傲”，陈院长说：“这两个位置是为你们两个留的，好好努力啊！”我们看到了一附中的杰出校友，又看到了一附中的名家名人，既有重要领导人，也有学术大师。能在这样一所校园里学习，谁能不自豪呢？

离开校史展览室，我们沿着走廊到了儿子所在的高二（3）班。门口放着十几把雨伞，教室的门没有锁，儿子打开门，我们走进教室。儿子走到他的座位上，看看有什么需要带回家的书没有。儿子介绍了平时上课和自习的情况，说一附中最让人开心的是所有假期都会放假。只要是国家法定假日，他们都会放假，而不像其他高中那样补课。给予学生更多的自由空间，这是一附中教育的一大特色。孩子喜欢一附中，我们家长更喜欢。

离开教室时，儿子的一个同学过来了。他是贵州的，清明假期没有回家，留校自习。一附中面向全国招生，海南、广东、云南、四川等外省的学生也会慕名而来。一般假期这些外省学生都会留校自习。我们对这些小小年纪就远离家门来这里求学的外省学子充满敬意，他们是好样的。

走出一附中大门，雨竟然停了。乌云散去，天明亮起来。陈院长一家尤其是她的儿子对一附中留下了美好的印象，这样的学校谁不心生向往呢？

89. 为何要提前了解大学

2015 年 4 月 5 日晚，儿子在手机上查询中国一些重点大学的相关信息。我就把 iPad 打开了，这比手机屏幕大多了，更方便看些。我和儿子一起看起来，大学排名，“985 工程”高校、“211 工程”高校，还有学科排名等。当然，我们重点查询的是儿子心仪的几所大学，也是他努力的目标，复旦大学、南京大学、厦门大学、武汉大学等。复旦大学和南京大学在湖北的录取线都比较高，差不多有 650 分，儿子说有点难度。目前来说，他考 600 分以上还是有把握的，那么这个成绩读厦大和武大应该是没有问题的。尤其是武大，在湖北武汉，录取线会稍微低一些，毕竟在湖北录取的人数多一些。这就是大学招生的地区倾斜或者说地域偏向。北京的高校相对于北京考生而言，更容易考一些，因为录取人数多，录取线相对就低一些。武大在湖北武汉，当然倾向所在地，录取人数多，录取线相对也会低一些。

作为一名高中生，虽然说考大学不是唯一的奋斗目标，但肯定是最重要的奋斗目标。考上心仪的好大学是实现梦想的最重要一步，也是具有决定性的一步。虽然我们知道，一次考试并不决定一个人一生的命运，但在人生的几个重要的阶段，有那么几次考试总是具有一定决定性的。虽然说起点并不决定终点，但不同的大学将决定你站的高度。你站得高，当然就会看得远一些。为什么我们要考好大学？其实就是为了站得更高一些，看得更远一些。虽然考上好大学，我们依然要努力奋斗，但奋斗的结果还是不同的。你在一所普通的大学奋斗四年与在清华、北大奋斗四年是完全不同的概念。当然你会说，好大学就那几所，总会有很多人不能去读。是的，社会上一切好资源都是这样的，少之又少，你想拥有，那你就必须比别人付出更多的努力，不然你怎么能够得到呢？别人一天专心学习 10 个小时，而你一天只学几个小时，结果怎么会一样呢？你说你是天才，学几个小时就够了。但天才不是你自己说了算的，而是由你的成绩、你的成果、你的成就决定的。

人生就是一场有目的的战斗。首先你要明白知道自己的目标是什么，你的努力才会有方向，不然你的这场战斗就是一场稀里糊涂的乱仗。打乱仗怎么能赢？读书为了什么？学习为了什么？其实并不只是为了上一个好大学，而是为了拥有一个更好的人生，为了过上一个更好的生活。而这一切要靠奋斗，不懈地奋斗，踏实地奋斗，快乐地奋斗，还有激情、勇气、坚持。认清自己的目标，你的奋斗才会有意义，你的努力才会有价值。其实，这个目标也就是你想成为一个什么样的人，即我们经常挂在嘴边的理想。

所以，了解大学，其实也是认识自己，了解自己，懂得自己想要什么，想成为一个什么样的人。了解大学，能够帮助你尽早确立自己的人生目标。换言之，让自己的人生目标更清晰、更明确。明白为什么活，每天的生活才会有意义。每天的生活都有意义，你的整个人生才有意义。

希望你通过这次了解大学，更加清晰地认识自己，认识自己的长处，认识自己的不足，取长补短。

认识自己，是第一步，也是最重要的一步。但认识自己仅仅是改变自己的开始，你不行动，你不努力，你又怎么能改变、完善、提升自己？所以，接下来的第二步，就是行动，从每一个细节去改变。你每天都要想一想：今天我做到最好了吗？我充分利用自己的时间了吗？我有进步吗？我有收获吗？想一想，这就是反思或反省。这让你时刻保持清醒的头脑，不至于迷茫、迷失、迷惑。要经常反思自己，多做自我反省。每天三省最好，如果做不到每天三省，至少每天睡前要反思自己。

90. 应该再多一点耐心

昨晚，儿子用同学的手机给我打电话约好，今天中午放学后他直接回家，我还是在老时间去老地方接他，他在家吃午饭，然后去光谷跟同学一起看电影。

中午，等饺子包好，也快到约定接儿子的时间 1 点 20 分了。我赶紧换上鞋子，拿着钥匙，还有今天的报纸，骑电动车去老地方接他。我们家离公交车站有一千米，步行需要十来分钟。所以每周六中午儿子放学回来我都会去车站附近接他。我几分钟就到了国家电网门口，那是我接儿子的地方。想着儿子不一定准时到，因为堵车时间不一样，我就坐在车座上看带去的报纸。有《长江日报》《中国青年报》《中国教育报》《光明日报》和《新华每日电讯》，每看完一份报纸，我都会抬头看看，儿子是不是下车过来了。

车站在马路对面，因为整个雄楚大道都在修高架，所以车站较远。下了车，他要走一段路，然后过马路，就是我所在的地方——国家电网门口。我很有耐心，但我没有带手机，不知道时间。我出发时已经快 1 点 20 分了，看完所有的报纸，我又停了一会儿，仍然看不到儿子的身影。难道他直接跟同学一起去光谷看电影了？他会不会打电话到家里了？而我却没有带手机，我有点着急了。阳光很强烈，照在身上，发热发烫。我又到国家电网营业厅里，询问工作人员家里 3 月电费多了一倍的情况。我出来后，还没有看到儿子的身影。我决定回家了，因为我也饿了，我感觉应该到 2 点了。

到了家里，果然儿子没有回来，也没有给我发消息，因为他没有带手机。看看墙上的钟，已经快 2 点了。他妈妈已经在吃饺子了，我和儿子的饺子也盛好了。我赶紧先吃了一碗饺子，接着又把儿子那一碗也吃了，因为放久了就会黏在一起。吃完饺子，我决定再去接儿子。下楼打开车锁，刚掉转头我就看见儿子背着书包、拿着提包回来了。他已经步行回来了，我问怎么回事，并告诉他我等了很久。他说今天路上堵得很，所以到现在才回来。我等了很久，没有接到人，心里不爽。儿子堵车，晚了近一个小时，他心里更不爽。所以，他边上楼边说，这周还是要带手机上学。

本来儿子一周没有带手机上学，一切很好，相安无事。周三他妈妈去送饭，他也没有提手机，看来他已经把手机放在一边了。我心里一直想着，儿子的表现很好呢。可是我没有再多一点耐心，再多等儿子一会，如果那样的话，儿子就不会那么不爽了。我把不爽怪罪在堵车，儿子把不爽怪罪在没有带手机，因为如果带手机，他就可以随时跟我联系了，我也不会因为没有等到他而不开心了。其实，我应该再多一些耐心的。孩子坐在车上，肯定是想早一点到家，但堵车是谁也掌控不了的，而我却没有再多一些耐心。就是十几分钟的事情，再多等十几分钟，就等到儿子了，他就不会因为堵车，更不会因为没带手机不开心了。

多一些耐心，事情总会变好的。而我们成人在教育孩子的过程中，总是耐心不够，不愿意等孩子，所以孩子犯错，有时候原因却在于我们。

91. 家是孩子的港湾

家是孩子的港湾，走得再远，孩子也愿意回家，那么我们的家就是一个幸福的家。

自上高中以来，儿子就住校了，每个周日下午去学校，一直到下周六中午回家。一放学儿子就会收拾好东西回家，到家里一般都是下午一两点了。但即使这样，儿子还是愿意回家，双休日他从来没有在学校住过。

这个周六，他本来可以住在学校宿舍的，但他还是回来了。周五晚上，儿子就打电话说，周六上午 10 点多

就回家。可是昨天他还是下午 1 点多到家的，12 点时他打电话说在教室布置考场，刚刚布置完。他说，周日上午学校要举办优秀生选拔考试，要给他们布置好考场。

天一直下雨，路上堵车了。回来时，他身上都淋湿了。放下书包，他说明天早上 6 点半就要去学校，他们合唱团要上台表演，给参加考试的学生家长演唱。为了展示学校的校园文化，艺术团要给参加考试的学生家长举办一场文艺演出，有交响乐团的演奏，有他们合唱团的合唱，还有独唱等。儿子还说，他们 9 点半上台，10 点就结束了，演出一结束他就回来。我说："你这来来回回好麻烦啊，周六怎么不在学校宿舍住一个晚上呢，表演完再回来？"但他说："还是回家好，不想在学校住。"听了儿子的话，我们心里还是很高兴的。因为家是孩子的港湾，快乐的、温暖的、充满浓浓亲情的港湾。孩子愿意回家，愿意跟我们在一起，说明这个家是一个能够让他留恋的家。

这样的家，别说孩子离家出走了，你让他在外面住他都不住。我们要给孩子建造一个快乐、宽松、民主的家，让他在家里得到放松、得到关心、得到力量。

92. 儿子策划设计班级运动会开幕入场式

2019 年 4 月 23 日上午，儿子学校举办了春季运动会开幕式。家长群里面炸开了锅，班主任叶老师先发了一组孩子们换上入场式表演服装的照片，入场式结束后他又上传了一个完整的表演视频。家长们看着照片和视频，议论纷纷，为精彩的表演点赞，说了很多表扬的话。

中午，儿子回来了。他很激动，说开幕入场式他们班表现最好，其他班只有一次掌声，他们班赢得了四次掌声。我说这个入场式是谁策划设计的，他说是他跟同学们一起策划设计的。我说这个入场式策划很棒啊，他说"你看导演是谁啊，是你的儿子啊"。

儿子这学期当了团支书，班里很多事情要管。到了高中尤其是高二，很多家长不会支持孩子当班干部，因为耽误学习时间。但我的观点不同，孩子只要愿意，就应该支持他参与班级事务。再说，当班干部可是对综合素质的培养和锻炼，是课堂之外又一个重要的成长平台。

儿子说，班主任叶老师不像其他班主任每天到班里几趟，他每天到班里一趟，有时一天见不到人。这样也好，都是高中生了，马上就成人了，还要靠老师盯着去学习，那说明还是不懂事的小孩子。再说，班主任管得少，可以充分调动班干部的积极性，这就给班干部更多锻炼的机会。儿子说，的确如此，很多心他们班干部都要操的。

这次运动会也不例外，班主任把开幕入场式策划设计的任务交给了他们班委会。作为团支书，儿子是主心骨，是领头人，是总设计师，即开幕式导演。两周前，儿子就开始为运动会开幕入场式动脑筋了。他还找来我们学校往年的运动会开幕入场式视频，学习借鉴。

后来，他和其他班干部定下主题——民族风。他们班里的舞蹈功底还是不错的，尤其是素素同学，简直就像舞神。她带领大家学习了不同民族的舞蹈，这样就有开幕入场式上精彩的民族风舞蹈表演，长达五分钟。昨天下午儿子在我办公室里电脑上发 QQ 说说："这就是我们的民族风，我们的民族风时尚酷炫最耐看。开幕式连续赢得好几次掌声，我已经无法用语言来形容对大家的赞美，衣服一换整个就脱胎换骨，都是好样儿的啊！"他还配发了几张照片。这个 QQ 说说引来网友疯狂点赞、转发和评论，今天已有 41 个赞，5 个转发，7 个评论。

谁说这不是学习呢？这不仅是学习，而且是快乐的学习，创造的学习。儿子和他的同学们，个个都是好样的！

93. 你给的并不是孩子想要的

蒸槐花是我们家乡的一道美食，来自天然，营养丰富，绿色食物。在我们眼中，这是很好吃的东西。所以这次我们去梁子湖，采摘了很多槐花。回来后，爱人就做好了蒸槐花。2015 年 4 月 25 日早上，我们把昨天的蒸槐花给儿子做早饭。他却说不好吃，他要出去吃热干面。

两代人，生活经历完全不同。在我们眼里的宝贝，在孩子眼中并不是这样。这应该可以理解，也是正常的。但在家庭教育中，我们却不顾这个基本的事实，把很多东西强加给孩子，但我们给孩子的并不是他想要的。再好的东西，如果孩子不需要、不想要、不感兴趣，我们给他再多也是多余，瞎子点灯白费蜡。

正如一个吃饱饭的人，你给他再多好吃的，他也不想吃，吃不出好的味道来。这就提醒我们，教育孩子要选准时机，看准需求，尊重孩子。要给他想要的，要给适合孩子个性的，要给孩子感兴趣的，而不是一厢情愿给孩子不想要、不需要的。教育是两厢情愿，而不是父母的一厢情愿。孩子喜欢什么，愿意干什么，能干成什么，是由孩子先天的素质和后天的兴趣决定的，即由孩子独特的个性决定的，而不是由我们父母的主观意愿决定的。

很多父母不考虑孩子的实际，不尊重孩子的个性和意愿，总想着让孩子成为自己理想中的人，但孩子并不一定适合成为那样的人，就像你非让兔子成为游泳健将一样，结果只能适得其反。

昨晚 10 点 20 分，我打儿子宿舍的电话，他正好接了。聊了一会儿，他说：“没什么事，我就挂了，我正在锻炼呢。”我说：“好的，你锻炼吧。”挂了电话，我很欣慰。

现在儿子上高二，正是用劲的时候，压力之下，身体就更加重要了。儿子能够坚持锻炼身体，把身体放到第一位，这正是我一直坚持的。没有一个好的身体，什么事情都做不成。人的一切都是建立在身体之上的，所以身体必须要放在第一位。儿子从小喜欢运动，当然这也是我们注意引导的结果。兴趣和习惯都是可以培养的，有的父母总是抱怨说自己的孩子不爱运动，喜欢宅在家里哪里也不去。其实，是这些父母没有在孩子幼小的时候培养孩子运动的兴趣和习惯。除了篮球之外，现在儿子很注意平时的室内锻炼。打篮球条件受限制，高中没有那么大块的时间跟同学一起打篮球，于是他就在下晚自习后在宿舍内锻炼。锻炼什么呢？握力器之类的。因为每天都锻炼，尤其是握力器，重点是锻炼臂力和胸肌、腹肌，现在儿子都有六块腹肌了，身体结实得很。他虽然不胖，但身上都是很结实的肌肉，一块一块的。

让身体变强壮，这只是锻炼的一个好处。锻炼还有一个好处就是缓解压力，无论是身体还是心理的压力。两者都很重要，无论是身体还是心理，都要保持健康。身心健康才有利于学习，身心健康才有利于成长，身心健康才有利于生活。身体第一，原因就在于此。无论什么时候，我们都要注重锻炼身体。

94. 为这样的班级文化点赞

2015 年 4 月 24 日上午，家长群里发出了一张黑白简笔画，这是彭凯伦同学设计的班服图案。这个包含全班学生形象的班服图案引起家长的称赞，大家都在找图案中自家孩子的形象。我也被这张精彩的班服图案吸引了，问了相关情况，然后采访了班主任叶老师和彭凯伦同学。下午 5 点，我写好一篇新闻稿发给了媒体记者。晚上 7 点，新华网就把消息发了出来，题为《华师一班服创意图案走红　全班同学形象都在上面》，部分转载如下。

> “这是一张神奇的图案，班上每个孩子的形象都在上面”“这个创意太神奇”“太牛了”。4 月 24 日，华师一高二（3）班的家长群里炸开了锅，大家被一张神奇的图案吸引了。这张神奇的图案就是该班同学彭凯伦设计的班服图案。
>
> 彭凯伦一直喜欢美术设计，为了这次班服图案设计，她前后构思了一个星期。她说：“班服的图案应该是可以展现班级特色文化的东西，而我们班每一个人都有自己独特的个性，我想将所有同学画出来，于是就有这个创意。”
>
> 平时注意观察的彭凯伦很快就确定了每个同学的形象元素。她尽量把每个同学最明显的个性特点和兴趣爱好展示出来，让大家一看到图片就能认出自己来。班长是全班的一号人物，结合班长人高马大的外形和篮球爱好的兴趣，她把班长作为整个图案中最突出一个人物形象放在右侧，并且设计成了一个“功夫熊猫”的卡通形象。
>
> “功夫熊猫”班长就像一个大力士保护着全班同学，右手抱着

一个篮球，左手托着一个花盆。花盆里有一大一小两朵花，这两朵花同时是两张笑脸，肯定是班级里的两个人物形象了。彭凯伦说，“大的花朵形象是班主任叶俊华，小的花朵形象是他的儿子，也是同班同学小叶”。为什么把班主任画成了花朵的形象？彭凯伦说，那是一盆野菊花，“野菊花”又是班主任叶老师的外号，这样的暗示能让大家会心一笑。

彭凯伦说，图案中约有六个同学的形象是借用已有的动画形象，如杨雨骁、杨晨、谢子鹜分别使用的是《海绵宝宝》中的派大星、章鱼哥和蟹老板的形象；王伟旗使用的是旺仔的形象；周维理使用的是大嘴猴的形象。“这样的设置能让人感到亲切，也很充分地表现了同学们的特色”，彭凯伦告诉记者。

据彭凯伦介绍，其他同学的形象则均为该同学自己的形象，结合同学们各自的特点，如动作、喜好，加以同学与同学之间的友善关系作为辅助，增强了人物与人物之间的联系，也使整张图案看起来比较和谐统一。在向同学们展出后，这张图案获得了大家一致好评。

这张班服图案很快在网上走红。“我第一次看到这张图案，就震惊于彭凯伦同学对每个同学的细致入微的观察力”，班长的爸爸彭先生在班级群里评价说。“我家有魔方，那个拿着小魔方的孩子不会就是我家的孩子吧？如果真是的话，彭同学你真是太厉害了啊”，谢同学的妈妈说。根据图案中的人物形象，很多家长找到了自己的孩子。

班主任叶俊华说，彭凯伦是一个有爱心的女生。现在班上只有44个学生，但她却画了47个人，除了班主任，另外就是坐飞机已经到国外学习的同学。“虽然不在这个班了，但曾经的同学，永远都是高二（3）班的一分子”，彭凯伦说。

目前，高二（3）班已经制作出了带有这张图案的班服，每人一件。大家都表示会好好珍藏的，这是一件很有纪念意义的班服。

95. 华师一附中校长周鹏程寄语毕业生：为中华民族代言

“三年前，华师一是你们的未来；三年后，你们将成为华师一的未来；十年后，你们就是祖国的未来！”5月4日下午3时，华师一附中大礼堂高朋满座，胜友如云，主题为“青春·自信·责任·感恩”的该校2015届高三学生毕业典礼暨成人仪式在这里举行。会上，该校校长、党委书记周鹏程发表了题为《你们的未来》的讲话，引发到场学生、家长的强烈共鸣。

周鹏程与高三家长、学生一起分享了视频短片《华师一，为成长加冕》，共同回顾了同学们高中生涯的点点滴滴。周鹏程说：“18岁的你

们，也许觉得自己什么都没有，除了对未来的无限遐想。18 岁，大部分人离梦想都很远，都在为未来积蓄着能量。”他列举了习近平、奥巴马、普京、袁隆平、莫言、爱因斯坦、马云、奥黛丽·赫本、周杰伦等风云人物 18 岁时的发展状况，“无论是领袖、大师、富豪，还是明星，在 18 岁的青葱岁月，他们一样遭遇迷茫、困顿、坎坷。但唯一不同的，就是梦想不灭。他们勇敢直行，为未来积蓄着知识、智慧、能力、精神、品格、体魄”。

周鹏程说：“无论未来你们将走向何方，我都希望你们牢记几个词：‘身心健康’‘必备品格’‘关键能力’。身心健康和必备品格是你们成人的坚实基础，关键能力是你们成才的必备条件。”

2015 届高三学生是周鹏程担任校长以来即将送走的首届毕业生。周鹏程希望每位华师一附中的同学都能提升自己的灵魂境界，锻造良好的品格，他说：“无论未来你们走到哪里，你们都是华师一附中最好的名片，是中华民族最好的代言。”周鹏程为他们提出成长的目标：有创新素质和潜力、有担当的劳动者，适应未来社会发展需要和个人终身发展需要的高素质人才。

本次活动是由共青团湖北省委主办的 2015 年中学生省级示范活动。

96. 孩子不需要成为任何人

有人总是拿别人的孩子跟自己的孩子比，说其他孩子怎么样怎么样，你应该怎么样怎么样。说是教育孩子，其实是在打击孩子。还有人总是拿历史上的名人跟自己的孩子比，说这些名人怎么样怎么样，你应该怎么样怎么样。说是激励孩子，其实是在扼杀孩子。孩子，不需要成为任何人，他只要做好自己。别人身上的优点可以学习，但别人就是别人，孩子就是孩子。名人身上的品质可以借鉴，但名人就是名人，孩子就是孩子。孩子只要做好他自己，成为独特的自己，就是一个优秀的孩子。

试问一下：有几个人真正做到了自己，而不是随波逐流，慢慢磨灭掉自己的个性、自己的棱角、自己的特色，而泯然众人矣？包括我们成人自己，做好独特的自己了吗？我们总是想做别人，而不是自己，但往往适得其反。

教育就是让孩子成为他自己，而不是成为其他任何人。孩子来到这个世界上，就是独特的自己，他的天性、气质、生理、心理、情感、智商等，都是与别人不一样的。我们不要改变孩子的天性，让他成为别人，而要顺应孩子的天性，让他成为他自己。他有哪方面的天性，我们就让其充分发展；他有哪方面的潜能，我们就让其尽情发挥。可是，我们的教育往往忽视了孩子的天性，总是做着与其天性风马牛不相及的事情和努力。如果不顺应孩子的天性，我们的一切努力可能都是无效的。我们总认为现在的孩子享福，错！这种认识是表面的、肤浅的。我们总认为，孩子没有像我们小时候吃过那么多苦，他们想要什么有什么，甚至是衣来伸手、饭来张口，我们小时候做梦也不敢这样想，于是我们就想当然地认为孩子是享福的，生活中没有苦的，只有甜的。

这种认识和判断是错误的，我们只看到孩子的身体没有经受苦难，但他们的精神却经受着比我们小时候大得多的苦难。饥饿之苦是肉体之苦，但精神之苦甚于肉体之苦。孩子内心的压力苦闷，即精神层面的痛苦，我们了解吗？我们懂吗？ 个孩子承受了所有家人的爱，同时他也承受了全家人的希望。每个人都看着孩子，希望孩子怎么样怎么样，在孩子身上寄托着多少人的希望。我们想过没有，这么多人的希望是一种多么大的压力。我们小时候，哪有这么多的精神负担？我们只要吃饱肚子就万事大吉了。我们的心理和精神没有多少压力，我们可以按照自己的想法做自己的事情。可是现在的孩子呢？他们能够按照自己的想法去做自己喜欢的事情吗？孩子想成为一个面包师，家人会同意吗？即使爸爸同意，其他家人呢？

现在许多孩子的面前似乎只有一条路，好好做题，天天考试，考上大学，全家幸福。我们总是想当然地认为：考上好大学不是对孩子最有利吗？但是我们没有想过，即使我们的孩子是天才，他也不一定想考我们想要他考的“好大学”，他也不一定想找我们想要他找的“好工作”。

如果我说“孩子上学，完全不是为他自己”，家长肯定要齐声反对了："你胡说，我们支持孩子上学就是为了他好，为了他的将来好，为了他的一生好。"但这是孩子真正想要的吗？孩子完全被我们绑架了，被我们的好心、我们的想法、我们的愿望绑架了。我们口口声声说是为了孩子，但我们问过孩子内心真正的想法吗？孩子是不是只有一条路——高考之路？孩子是不是只有一个人生——考试人生？孩子是不是只有一个前程——出国留学？我们问过孩子吗？我们尊重过孩子吗？我们倾听过孩子吗？孩子内心最想要的是什么，我们知道吗？孩子最想成为的那个人是谁，我们知道吗？

我们成人始终是站在自己的立场看待、评价、要求孩子。天下哪有这样的道理，岂能以年龄大小来论英雄？我们比孩子年龄大，孩子就一定要听我们的？我们比孩子早读几十年书，我们的观点就一定比孩子正确？没有这个道理。孩子的世界，有几个大人能懂？不懂孩子的世界，为什么要去指手画脚？我们要做的是反省自己，不要再用我们成人的想法去要求孩子。

我们要尊重孩子，让孩子成为他自己。只要他是一个善良的人，只要他是一个正直的人，只要他是一个向上的人，只要他是一个明辨是非的人，就足够了，其他的就不要再苛求孩子了。让孩子成为他自己，他才是快乐的、幸福的。只有成为他自己，他才能学会创造。因为他知道自己要什么、能做什么，他会享受自己拥有的一切，而不是整天去羡慕别人怎么样怎么样。

最后以一首小诗结尾：

孩子是一棵树，
就让他成为一棵树，
去享受树的一切；
孩子是一棵草，
就让他成为一棵草，
去享受草的一切；
孩子是一只鸟，
就让他成为一只鸟，

去享受鸟的一切；
孩子是一条鱼，
就让他成为一条鱼，
去享受鱼的一切；
孩子是什么，
就让他成为什么，
去享受什么；
最好的教育，
就是让孩子成为他自己，
去享受自己的一切。

97. 写给 17 岁的儿子

昨天 2015 年 5 月 20 日，儿子过了 17 岁的生日。在皇冠蛋糕店定制了两个大蛋糕，因为他说要跟同学们一起在教室里过这个 17 岁的生日。这也是他上学以来第一次跟全班同学一起过生日，接受全班同学的祝福。今后还会不会有这样的机会，我不知道，但我知道大学之前这是第一次也是最后一次。儿子很开心，发了 QQ 说说，毕竟那么多同学一起祝福自己，那一刻儿子一定是世界上最幸福的人。这里，我想对儿子说几句话。

按照法定年龄，再有一年你就是成年人了。从未成年人到成年人，不仅仅是一个年龄的跨越，更是一个责任感的建立。成年人意味着责任，对自己、对家庭和对社会的责任。在迈进 17 岁的门槛时，你要想一想“责任”二字。你是否想过，一年之后的你能够独立生活吗？如果按照美国等西方国家的法律，孩子 18 岁之后家庭就不再提供经济支持，一切要靠自己，你能行吗？中国与美国不同，你不用担心这个，除非家庭特别困难，一般而言中国父母都会支持孩子读完大学的，包括硕士、博士，只要家庭条件允许，一般都会提供经济支持的。

但是，你要想一下这个问题：如果没有父母的支持，你能否靠自己读完大学？让你想这个问题，不是说非要你怎么样怎么样，就是要让你懂得心中要有“责任”二字。养活自己，发展自己，强大自己，这是你的责任，而不是父母的责任。父母把你养到18岁，供应你吃穿用，供应你读完高中，责任已经尽到了。18岁之后，父母继续养你，支持你读大学，那是父母的道义或者说亲情，但这不是应尽的责任。这个道理你一定要明白。这样说并不是要你去打工挣学费养活自己，供应自己读大学，而是要你明白自己的责任。大学阶段，你享受父母给你的一切，那不是法律规定的父母的义务，而是家庭亲情层面的关爱。这样说，也不是要你一定回报父母的恩情，而是要你懂得，你享受的这些都是父母辛苦工作换来的，而不是天上掉下来的馅饼。

18岁以后，你可以不去打工，可以靠父母养活，支持读大学，但要知道自己的责任。本来18岁成年之后这些都是你自己的事情了，父母把经济的担子给你接了过来，就是想减轻你的负担，但不是减轻你的责任。你的责任你要明白是什么，你要知道如何承担。18岁之前，有一些事情父母可以对你负责，帮你负责；但18岁之后，有一些事情你必须自己负责，父母都不能帮你负责，谁也不能替你负责。你必须自己对自己负责！比如，你将来要做什么，你对未来的规划设计，你要成为一个什么样的人，这些都是你要想清楚的，即这些都是你必须负责的。还比如，你的一言一行都有一个最低的底线，即遵守法律。但仅仅做到这一点还不够，因为你是大学生，你要有更高的要求、更高的修养、更高的素质，这就是你对自己的责任。

责任，是你从17岁迈向18岁的桥梁。如果没有责任这个桥梁，你可能会一直停留在17岁。18岁的另一个名字，就是责任。请你担起一个成年人的责任，担起一个大学生的责任，担起一个社会公民的责任。就像我写给你的生日寄语一样，珍惜时间，不负青春。你现在的责任，就是珍惜一点一滴的时间，不辜负你美好的青春。为你的理想去奋斗吧，这是对青春最好的交代。

98. 久违的父子兵感觉

打虎亲兄弟，上阵父子兵。很久没有跟儿子一起打篮球了。正在读高二的儿子，学业比较重，周六下午到家吃完饭就两三点了，然后补补瞌睡就四五点了，起床后就开始写作业了。周日上午在家继续写作业，上午不可能去打球，下午吃完饭休息下，4 点就把他送去公交站了，因为要去学校了。所以，双休日我们两个几乎没有时间同时去篮球场打球。

昨天下午，起床后 5 点，儿子说要去我们学校西门文化街给同学买生日礼物。我就骑电动车带着他去学校，在楼下我说“我们可以去学校打会儿球啊”，儿子欣然应允。

路上雨就零零星星的，但这挡不住我们打球的热情，我和儿子还是去了篮球场。没想到，雨越来越大，但还是稀稀拉拉的，所以篮球场上仍然有不少人在打球。我俩找熟悉的球友，老王啊、老张啊，但一个也没有看到，看来天气不好都走了。既然到球场了，不能白跑一趟，于是我们就在一个有梧桐树的球场上投球。那里可以遮挡点雨，相对好一些。

打着打着，雨小了，最后几乎停了。于是，我们就组织了八个人分成两队打起来。我跟儿子在一个队，我俩之间配合比较默契，儿子进了几个球。但我们队相对来说还是弱一些，我的投篮技术不好，另外两个人投篮也不是太准。所以，只能靠儿子一个人进攻。对方就比较强，很专业，每个人都能投、能传、能跳，所以他们进球很多。儿子年轻气盛，拿着球就往里面冲，后来被防他的人戳着了眼睛。儿子没法打了，就下场休息。我们队替换上来一个人，刚打一会儿雨突然又大了，我们只好散场。

我和儿子又投了几个球也离开了。带着儿子在回家的路上，久违的父子兵感觉又回来了。不知道有多少次，我带着儿子去学校打篮球，每次打完，我们两个一起回家，有时是凉风习习的傍晚，有时是华灯初上时分，有时是月亮升起之际，无论哪一次，那种感觉都很美妙。我不知道儿子的心情，但我很享受那种感觉。篮球让我和儿子成为最亲密的、无话不谈的好朋友，篮球让我和儿子成为世界上最快乐的父子。

儿子与篮球的感情诚如他所言，可不是一天两天的交情了。小学时代表学校去外面打篮球，初中时因为打篮球别的班闹事，儿子平息事件，高中时打篮球被班主任逮，所有这些都成为儿子成长经历中最美好的记忆，也是他生命中最宝贵的财富。篮球带给他的太多了，包括带给我们父子之间的快乐、默契、信任、理解、包容等。儿子爱篮球，就是爱生活的表现。我支持他，因为我也是一个篮球爱好者。没有篮球，生活将失去多少乐趣和色彩啊。不懂篮球的，当然不会理解我们与篮球的感情。

99. 儿子，我与你同行

周二中午，儿子用同学手机给我打了电话。我挂掉，再打了他的宿舍电话，问他有什么事。他第一句话就是问我怎么不给他打电话了。我说："每次打电话你们宿舍都乱哄哄的，影响你们啊。"他说："没事的，原来你经常打电话，今后还打。"我说："没问题。"我们愉快地聊了一会儿琐事，然后结束了通话。

每周差不多我要给儿子打两三次电话，周日晚上一次，周二晚上一次，周五晚上一次。周日晚上打是因为他没有带手机去上学，问他路上顺利不顺利。周二晚上打是问他周三下午给他做什么饭菜、带什么东西。周五晚上打是问他周六的安排，有没有其他活动。无论他带手机与否，我都会打他宿舍电话的。每次打他宿舍电话，总是听到吵得很，同学的声音很大，因为下自习到宿舍了大家都想放松一下，所以就很乱。于是，最近就少打了两个电话，儿子竟然有点不习惯了。

我们能为孩子做的，其实就是与他同行，在他成长的道路上关心他、支持他、理解他。关爱孩子的方式很多，但随时了解儿子的动态，儿子也乐于向我们说他发生的一切好玩的事，这就够了。孩子总感觉父母家人在想着他、爱着他、关心着他，他的内心就会很温暖、很知足、很强大。爱，能够让人变得强大。当然，这种爱不是溺爱，不是宠爱，更不是错爱。

与孩子同行，时刻关注孩子的生活、身体、学习和内心，给予他及时的帮助与支持，这是最好的。

100. 快乐的父亲节

“爸，父亲节快乐！这么多年了，感觉都没怎么给您过一个像样点的父亲节。回想起来，以前的儿童节都是您陪着我到很多地方。老师在课上正好也教我们唱《父亲》，现在该我陪您出去转了。也祝小伙伴们的父亲节日快乐！”

父亲节一大早，儿子就发了 QQ 说说。这是他第一次发 QQ 说说祝我节日快乐，看到儿子这样的祝福，我心里充满幸福。儿子长大了，心里开始装着他人了。

骑电动车把他妈妈送到单位，我就回家了，儿子一直等着我吃早饭呢。他妈妈做好了早餐，儿子起床后没有一个人先吃，而是等我回来一起吃。想到长大懂事的儿子，我心里又涌起浓浓的幸福感。

早饭后，儿子就去书房做作业了，我在客厅读《中国日报》。我们俩商量好了，下午去看电影，也是儿子陪着我过父亲节。最近一段时间我们两个都忙，所以很久没有去看电影了。我们都很期待下午的电影之旅。

上午 11 点，吃水果时间到了。我先给儿子削了一个苹果，然后是香蕉、樱桃、荔枝等，这些水果轮番上阵。对了，还有泰国榴梿。儿子其实是不喜欢榴梿的，主要不喜欢那种怪味。但榴梿在冰箱里冷冻后，就像奶油冰激凌一样，我给儿子弄了几块，他吃了，说味道不错。

中午，我下厨做了四盘菜，豆角豆腐一盘、苋菜一盘、猪舌头一盘，还有鸭舌头一盘。我们两个吃得很好，米饭吃完了，除了两盘舌头

菜，其他的都光盘了。

午休后，我们就去看电影了。一直哗哗哗的雨几乎停了，看来天公作美，坐公交几站路就到了影院。直奔售票处，选了 3D《分歧者：绝地反击》，我们一起度过了愉快的观影时光。

从影院出来，已经是华灯璀璨的晚上 8 点了，我们去蔡林记吃了简单的晚餐，回到家正好 9 点，儿子去理发了，我在家里读书。这就是快乐的父亲节一天。

101. 把兴趣变成习惯

上周五下午，儿子就回来了。他说一些科目结业考试，然后就不会再学了，比如他最爱的地理。因为他是理科生，马上高三就要全力以赴为高考的几门科目奋斗，不考的科目就不再学了，这是节约时间。

不管这些了，周六上午不补课，儿子高兴，我们也高兴。说心里话，我们与一些家长不同，总是想着孩子正常休息，像成年人一样，双休日就是要好好休息，为什么还要补课呢？周六不补课，这很难得。本来想让儿子下午直接到我们学校打篮球，但想着他一路奔波肯定累了，再说他也没有带手机，所以就只好作罢。

我在学校打了篮球，到家就 7 点多了。晚饭已做好，儿子在书房里上网呢。晚饭后，儿子先学习了一个小时。到了 9 点，他说要去对面的学校打篮球，练习下投篮。他妈妈不支持，因为时间晚了。但儿子态度很坚决，必须要去。去就去吧，打篮球是好事，我就骑电动车带着他一起去。其实，儿子跟我一样，已经把打篮球的兴趣变成了一种习惯。

一个兴趣一旦成为习惯，就很难改变了。但好习惯受用一辈子，儿子养成了打篮球的好习惯，我发自内心地高兴。因为一个好习惯，可以让人受益一辈子。至少，经常打篮球的儿子身体强壮多了。一个好身体，是干事创业的基础，也是生活幸福的必要条件。没有一个好身体，人生的一切美好恐怕都要打折扣。

迎着习习凉风，我们很快就到了对面的大学球场。一切没有变化，一切是老样子，我和儿子快一年没有到那里打球了。从初中开始，我和儿子经常在双休日和假期去那里打篮球，因为离家近，方便。在那里，我们也结识了不少球友，包括两个爱打篮球的快递小哥。那里给我和儿子留下了太多美好的印象，所以旧地重游，儿子和我都很开心。因为一切太熟悉了，因为那里曾经洒下了我们的汗水，留下了我们的脚印，又吹着凉爽的晚风，所以我俩感觉很幸福。人生美好，不过如此。

我下午打了篮球，感觉有点累，所以主要是儿子练习投篮。旁边几个场子都有学生在打比赛，而我们所在的场子就我俩，我坐在电动车后座上，看儿子投篮，做老爸的幸福充溢全身每个细胞。我就坐在那里，安静地看着孩子，长大的孩子在那里投篮，这种幸福的时刻花多少钱也买不来。遗憾的是很多老爸没有用心去体验这种幸福感。

我开心的是，儿子已经把篮球的爱好变成了自己的习惯。在学校里，他每周至少要打两三次球，虽然高中学习很忙，但他能够抽时间打下篮球，换下脑筋，减下压力，增强体质，这也是一件幸福的事情了。我反对那种学习不要命的做法，为了学习牺牲一切，虽然取得了好看的分数，但失去了人生中的很多美好，究竟值不值还真不好说。

教育，就是要由兴趣变成习惯，发现孩子的兴趣爱好，然后注意呵护培养，慢慢变成习惯。一旦兴趣变成习惯，教育也就成功了。因为习惯的力量是最强大的，能够直接决定孩子的未来发展。养成好习惯的人，都有一个幸福美好的人生。

102. 走进高三家长会

时间过得真快，转眼儿子已经进了高三。下午 1 点半，老地方——一号报告厅，高三 1 部开高三动员大会。1 到 10 班全体学生和家长济济一堂，参加这次具有转折意义的大会。

动员大会由级部副主任主持，第一项是欢迎家长。

第二项是级部主任吴老师对这次调考进行总结。他先说了武昌区的调考情况，然后是 1 部的考试情况，再是为年级前 200 名的优秀学生颁奖。之后，他总结了存在的问题，也即高三备考的方向：（1）基础知识掌握不牢；（2）基本能力没有养成；（3）学科素质不足；（4）答题规范性不够。吴主任重点谈了近三年的高考情况和如何看待学校没有出现高考状元的问题。最后，他说了家长应该有的心态——真心、信心和平常心，家长的角色——演员、服务员、饲养员、守门员、联络员、啦啦队员。

第三项是经验分享，理科、文科各有一名今年高三毕业的代表发言。其中，理科代表孙子荆讲得最好，引起全场共鸣。她条理清晰，重点突出，语言幽默，针对性强。她谈了自己在高三的九条经验，每一条我都举双手赞成。（1）回归课本，比看教辅重要；（2）关注基础，比啃难题重要；（3）规范书写，比求速度重要；（4）重视细节，比赶进度重要；（5）坚持积累，比多刷题重要；（6）针对自身，比随大流重要；（7）保证健康，比苦学习重要；（8）调整心态，比什么都重要；（9）高考，比自招竞赛都重要。她总结说，步入高三，就要一心准备高考。高三来得快，走得更快。最后一年，不要留下遗憾。年轻，总要奋斗一场。孙子荆的分享还有 PPT，给人留下深刻印象，也大大鼓舞了在场学生的斗志。

第四项是教师讲话。7 班班主任郑老师上台发言，郑老师我们很熟悉，因为高一时是儿子的班主任，彼此交往很多次。他的演讲很有激情、文采，他说高三是一本书，然后寄语学生四点，即目标、计划、惜时、心态。每一部分，他都是先引用名人名言，然后来一句，“他们都说过了，我还说什么呢”，但还是要说，逗得大家开怀大笑。

第五项是家长发言。9 班的一位家长代表上台讲话，这位家长是精心准备的，讲得也很好，虽然没有前面的人发言那么激动人心。

第六项是高三宣言。先是陶辰昕同学发言，他以感恩为主题，感恩学校、感恩老师、感恩父母、感恩自己，说得很好。最后是他和文科代表孔德娜领誓，全体学生一起宣誓，为到来的高三努力奋斗！

这次家长会极为成功，整整持续了两个小时，从 1 点半一直开到 3 点半，但是大家却没有一点疲惫感，因为大家的激情都被调动起来了。家长、老师与学生的心都是一样的，一起为高三努力！

103. 送饭的路上

上周六开家长会时，我和爱人一起去参加，并顺便给儿子送了一顿午餐——蒸面条。因为还有我俩的，所以面条直接就放到煮粥用的钢精锅里。另外还有用不锈钢饭盒盛的绿豆粥，玻璃便当盒装的甜瓜块。中午，我们一家三口在儿子学校的餐厅里一起吃。

昨天下午 2 点半，上完课儿子就放暑假了，其实就两个星期，其他时间还要继续补课，毕竟高三了，高考的战火味道越来越浓。我们仍旧像上周一样给儿子送饭，然后直接把要拿回来的东西带回。做的仍是蒸面条、绿豆粥、甜瓜块，另外还有一塑料瓶子装的甜枣。

我们家离儿子的学校有十几里路呢，没有直达的公交，要转一趟车。我们将近11点出发，到车站就坐上了586路车。路上很顺利，没有堵车。到了中南民族大学站，我们换乘732路车。只等了一会，732路车就来了，我们上去还有座位。到了学校才11点半，还有半个小时儿子才下课呢。

全国小学生篮球夏令营在一附中举办，餐厅里都是穿着篮球服的小学生，他们把一楼的位置占完了，每个小学一长排。我们找了一个空地方，把东西放下来等儿子。因为带的有报纸，看着看着时间就到了。我们吃得很好，儿子的同学彭程也在一起。

吃完之后，我们就去宿舍收拾东西了，主要是被子，要带回家晾晒一下。一大一小两个包，大的我俩抬着，小的我另一只手提着。先打的到中南民大，然后坐公交回家，很顺利。

104. 去西安的票退了

这周三晚上，我在网上订了三张去西安的高铁票。去西安玩是我们春节就计划好的，在南阳时我们就商量好暑假与他姨夫一起去西安玩下。上周，我们和儿子商量好后，决定一放假就去西安，所以我就在网上提前订了三张票。

可是昨天去学校给儿子送饭、拿东西时，他说西安去不了了，因为作业太多了，天天做都做不完。要去西安玩，至少要一周时间才能玩好。所以儿子不想去西安了，要在家里做作业。他们只放了两周的假期，其他时间都要补课，为了迎接明年的高考。我们只有尊重儿子的意愿，取消去西安玩的计划。

票已经订了，现在不能去，只能去火车站退掉。上午9点，我坐地铁去武汉火车站退票。地铁不能直达，中间要转4号线，不过很方便，就是路程有点远，一去一回要超过一个小时。出了地铁站，我就坐电梯上三楼售票处。那里的工作人员说要到一楼2号窗口退票，我只好又坐电梯下到一楼。

转了一圈才找到售票大厅，购票的人很多，退票的人也不少。等了十几分钟才轮到我，我把三张身份证递过去，工作人员说要扣百分之十的退票费。我说不是百分之五吗，她说 48 小时之内要扣百分之十。1400 多元买的票，要扣 140 多元啊，没办法，只能如此了。我前面有个退票的人因为车已经开，不能退了，岂不更亏？

105. 到底要不要补牙

上午，我们带着儿子去口腔医院补牙，提前联络了在口腔医院工作的熟人。

9 点多，我们顺利见到了口腔医院的那位熟人，他一看儿子的牙齿就知道有问题。毕竟，他们看的病例太多了。他说儿子的牙齿需要矫正，不然下巴往前突出不好看。正常人的牙齿应该是下面的在里面，上面的在外面，但儿子的正好相反，这称为“地包天”。

同学领着我们先去矫正科，医生看了下说可以矫正，就是费时间，要一两年的时间。儿子正在上高三，医生说过了这一年再矫正，毕竟矫正期间身体是不适的。于是，我们就先去补牙。儿子的一颗大牙咬东西时掉了一块，现在不敢咬东西，所以要补下。

在牙体牙髓科，熟人帮我们挂了一个副主任医师的号，他说那个医生看得认真。等了十几分钟，儿子就进去了，我们也跟着进去了。医生做了仔细检查，给了我们建议，说补牙可能会疼，还有一种方式是管植，这种比较复杂，还要把牙髓抽出来，然后再弄。我们接受的是前一种，补下就可以了。

医生很有经验，先把儿子的问题牙齿清扫干净，把里面的残余都弄了出来，然后再往里面填充材料。大约用了 20 多分钟，医生就把儿子的牙齿补好了。医生问儿子感觉怎么样，他说还可以。只要不疼，就应该没问题，医生叮嘱说，不要吃酸的、硬的、刺激性的食物，等固定好之后才能咬硬物，如果不适及时复诊。

补牙应该 200 元，因为熟人介绍，医生给我们优惠了 40 元。加上 10 元的挂号费，这次补牙花了 170 元，价格还算合适。感谢熟人，感谢医生，让儿子补牙如此顺利。

儿子牙齿不是很好，一是有龋齿，二是不整齐。主要责任在我们，他小时候吃糖太多，尤其是口香糖。稍大一点，他又喝碳酸饮料。现在他懂得了道理，已经自己禁了饮料。

106. 高三的补课

休息两个星期（其实也没有怎么休息，因为他一直在写作业），儿子又要去学校补课了。8 月 2 日上午，我打电话给他师父约好了，下午 3 点去一附中，因为有被子之类的生活用品要带去学校。

谁知道他师父来得很快，儿子还正在床上睡觉，就被我们叫起来了。楼下没有停车位，我们只能赶快收拾东西。当我们收拾好东西下去，师父开着车已经转了一圈了。没有停车位，不能停在路上，车只能一直开着。

路上很顺，没有堵车，半个小时就到了。我们提着大包小包的物品，顶着烈日走到儿子的宿舍，然后又把被子用被罩罩好。在去寝室的路上，我们的衣服都湿透了，贴在背上。高三了，决定性的一年。奋斗，当然是最好的态度。我们为儿子加油，为了自己的理想奋斗，才是最幸福的一件事。

107. 儿子的一顿饭

周三，虽然是暑假补课，但下午的家长送饭照常。

上午 10 点多，从医院回来，妻子提前在广埠屯下车，她要到菜场给儿子买兔肉等。买菜用了一个多小时，吃完午饭，来不及睡午觉，她又开始忙着准备儿子的晚饭了。因为 4 点就要坐上公交车，所以要提前做好。

从熬绿豆粥开始，到做好所有的菜肴，差不多两个小时。正是酷暑天气，厨房里燃气灶两个喷火口一直在燃烧，温度比室外要高得多，就像一个蒸笼一样。

不到4点，我骑电动车把妻子和要送的饭一起送到公交车站。没有直达的公交车，中间还要转一趟车，所以路上即使再顺利也要近一个小时。

5点半，儿子下课去餐厅，他妈妈早在那里等着了。一顿饭，儿子不到半个小时就吃完了。妻子回来，正是下班高峰，所以堵车很厉害，到家需要一个多小时，一般都是7点到家。由此可知，从上午10点多买菜开始算起，除了中间吃午饭和休息一个多小时，一直到晚上7点，他妈妈的时间都花在了这一顿饭上。儿子虽然只吃了半个小时，他妈妈却要为此付出这么多时间。

什么是爱？这就是！虽然只是简单地送一顿饭，这顿饭也没有什么山珍海味，都是家常便饭，但这里面的辛苦和时间谁能付得起，恐怕只有妈妈。

108. 高三，我们一起面对

高三是人生至关重要的一个阶段，虽然只有短短的一年，但却决定很多人的一生。高三是一个精神熔炉，只有经过这个熔炉的锤炼，才能成为钢铁。虽然还在暑假，但儿子早已进入高三生活状态。

昨天是周六，他们的学习时间又延长了半天。原来是中午就放学回家了，昨天将近下午6点才到家。听他说是考试，两周假期之后的摸底考试。儿子说，就在上次数学测验中，他拿了个满分。这是他进入高中后数学测验的第一个满分，值得庆贺。

态度决定高度，心态决定状态，状态决定成败。进入高三之后，儿子的学习状态不错，时间抓得很紧，学习效率也很高，解题速度很快。

今天早饭后，我骑车带着他去学校图书馆，他主动要到图书馆自习，因为那里的环境好，还有空调。可是，我们到图书馆后，闭馆了。我正在想怎么办，儿子说去8号楼，这个主意不错。8号楼自习室应该开放，虽然没有图书馆环境好，但也有空调，是学习的好地方。图书馆关闭后，那些考研的人都会到 8 号楼备考的。

中午 12 点，我们一起回家。

109. 为何要坚持给儿子送饭

又到周三，上午大雨如注，下午雨停云散。天公作美，老婆没有午休，忙了几个小时，早早把儿子的晚餐准备好了，我们要一起去学校送饭。不到下午 4 点，我们就坐上了 586 路车，十来分钟就到了中南民族大学站。然后转车等了十几分钟，到一附中门口还不到 4 点半。保安不让进，说等一会，4 点 50 分才让进。暑假期间，高三补课，送饭的家长并不多，或许不少高三家长都来陪读了，所以不用再送饭，孩子直接回去吃。

我们把全家的晚饭一一在餐厅的桌子上放好，首先是一小锅蒸面条，这是我们全家都爱吃的。一饭盒绿豆粥，降暑又营养。一个蜂蜜瓶子装的葡萄，这是我们从远安带回来的，超甜。还有蒸南瓜。另外还给儿子带了两个苹果、四盒牛奶。我们等了差不多半小时，5 点 20 分，儿子才到餐厅。

他说，今天语文考试呢，连着考了三个小时。他还说，这周几乎都是在考试中度过的，身体很累。我们可以想象得到，高三拼的不仅是智力，更是体力和耐力啊。谁坚持到最后，谁就是胜利者。

我们和儿子边吃边聊，一顿美味的晚餐，一家人一起分享，谁说这不是高三最温情的一个画面？儿子吃饱了，他拿着枕头、苹果、牛奶就先回宿舍。我们两个又吃了一会，蒸面条没能吃完，绿豆粥、蒸南瓜我们是干掉了。葡萄儿子不愿意带，我们就只好拿回家自己吃。在家里，我和老婆就商量好了，回去的路上先去看电影，提前过一个七夕节。电影院的人不多，片子也不多，时间点最近的只有三部片子，一部香港的《谜城》，一部外国的什么片子，我们都不喜欢，只能选择《大圣归来》。这部片子挺好的，3D 动画效果一流，是国产影片中的上层之作。看完《大圣归来》，我的理解是大爱归来，创作者通过影片呼唤爱心回归社会。

我把周三给儿子送饭称为“爱之旅”。自家做的热乎乎的饭菜，虽不是什么美味佳肴，但带着家里味道的饭菜，被两辆不同路线的公交车承载着，送到儿子的面前，这是很宝贵的。这里面包含着我们尤其是他妈妈的爱，爱不是轰轰烈烈，就是平平常常。欣慰的是，儿子体会到了这份爱。晚上，他就发了 QQ 说说：“下午难得爸妈 起来送饭，一家人围着一小锅蒸面条。因为没带碗就直接下筷子吃，摆出很多奇怪的造型，其喜洋洋者矣。”

110. 父子骑行逛学校

进入高三以来，儿子的时间无比宝贵。你想陪他一起说说话、散散步、看看电视，都是一件奢侈的事情。虽然国庆节全国放假三天，但他们学校只放假两天，学习任务不但没有减少，反而更多。他说，开学一去学校就要考试了，谁也不敢玩啊。昨天上午，我们很难得一起坐在沙发上收看了阅兵的电视直播。

下午，我要他一起出去骑新自行车，感受一下好车子的味道。他嘴上说着“可以”但就是坐在书房里站不起来。作业太多了，他一直在不停地做。儿子早就对我说他要一辆新自行车，但他上高中，几乎用不上，所以我就没有给他买，想等他明年上了大学之后再买。

这辆新自行车是我去碧桂园参加活动的奖品，是洛克菲勒牌，一个比较高端的自行车品牌。这辆车是折叠变速山地车，液压减震，性能很好。碧桂园工作人员说这辆车子一千七百元呢。放假前，我专门又到修自行车的那里，花了二十元重新检查安装调试，就是为了儿子放假回来方便骑行。

没想到儿子被作业牵制住了，一直等到 6 点，儿子才站起来说去骑车。因为这是儿子第一次骑新车，所以我还带着相机，给他拍照留念。他骑着自行车，我则骑着电动车。我们从小区出发，沿着通往南湖边的路骑去。儿子说车子确实很好，有王者风范。可就是道路太不好了，机动车很多。几年前，我们这一块环境还很好，人少车少宜居，适合生活。但就这几年，湖边几个小区都住满了人，车子都没有地方停，道路成了停车场。

南湖边不好骑行，于是我就带着儿子左转去了新修的一条道路，那条道路是连接南湖大桥的。南湖大桥刚开始建，还不知道什么时候建好呢。穿过一条拥挤的小区前道路，我们就到了那条大道上。果然，人少车少路又宽，儿子放开码跑起来，比我的电动车还快。路的尽头是修桥的工地，我们看了一下就折返了。

我们没有沿原路返回，而是继续前行，因为儿子第一次走这条道，所以我就带着他看看。一个十字路口，继续直行就是雄楚大道，对面就是儿子读过的初中——华师一初中部，向右转前行不知道是通往哪里，洪山高中肯定在那个方向。于是儿子说去洪高看看，我们就右转往前走。走了很远，也没有走到头，但洪高没有看到。我问了一个大哥，他说走过了，掉头到十字路口向左拐进去就是。

原来我们走过了，根据指点的方向，我们掉头到十字路口左转，几分钟就到了。洪高是洪山区最好的高中，儿子的一个同学在那里。可是管理很严，儿子说是军事化管理，虽然放假，我们也没能进去。保安说不让进，要找人的话就提前联系，让人出来接。我们只好作罢，就在门口摆了姿势照个相就离开了。

洪高是556路车的终点站，洪高四周几乎全部是新建的小区，高楼林立。真不知道将来人都住进去，那里会成为什么样子，居民的车子都没有地方停啊！这是中国城市的通病，居住区人口太密集，万一有个事，疏散就很困难。我们沿着556路车的方向前行，走到头就是雄楚大道。雄楚高架已经修好通车，走在下面感觉很霸气。雄楚大道对面就是武汉工程大学，儿子初中曾在那里上过半年补习班。

我们沿着雄楚大道往回走，一路上很顺利，不久就到了雄楚大道与虎泉街的交叉口，也是杨家湾地铁站。儿子的初中就在那里，我们决定去看看。放假期间，学校大门紧锁，进去估计很难。于是就在路边望了几眼对面的学校大门，然后就沿着虎泉街走了。往前几百米又是一个学校——武汉民政职业学院。我们没有进去，因为时间晚了，路灯都亮了。

继续前行，两三千米的路程我们就到了湖北交通职业技术学院。那里我们非常熟悉，多少个假日的黄昏或晚上，我和儿子在那里打篮球。这个学校北门是虎泉街，南门是雄楚大道。我们还经常借道从这条街到那条街，因为校园的环境好。进了校门，我们拐到了篮球场，今年暑期他们全部翻修。这是翻修后我们第一次到那里，所以我和儿了就想投几个球感受一下。我们把车子停在最里面的篮球场边，然后投了一二十分钟球才回家。到家已经7点半了，我们花了一个半小时骑行几条大街，路过了华师一初中部、洪高、武汉工程大学、武汉民政职业学院、湖北交通职业技术学院等几个学校，真是一次愉快的骑行之旅。

111. 儿子同学雅思7.5分

周六下午，补完课后儿子在学校打了篮球，所以到家已经7点多了。儿子说他的同学李扬元雅思考了7.5分，阅读满分。这是一个很厉害的成绩，尤其是阅读满分，大学生也很难做到的，但正在读高三的李扬元做到了，所以儿子很佩服。儿子说他的英语每次考试都是130分，就是提不上去了。我们让他跟李扬元交流下英语学习的经验，他就用手机 QQ 跟李扬元聊了起来，他说李扬元天天背单词。

李扬元读的是枫叶国际学校，目的就是出国读本科。所以他的英语好是必需的，不然就很难出国。但这对儿子的英语学习有启发，他不是很喜欢背单词。英语其实不难，当学到一定程度后，就是一个单词量的问题。无论阅读还是作文，单词量大的话，就容易得多。

周日，儿子睡到 9 点才起床。他说周五晚上跟同学一起看电影了，加上周六打球，所以困了。我们没有 8 点叫醒他，也是想让他多睡一会，补补瞌睡。高三是学生时代最艰苦的一年，主要是压力大。儿子说他有时候就有身体被掏空的感觉，这说明学习的强度还是很大的。当然，他的身体素质还不错，感觉还好。

上午 11 点多，我们吃了苹果、火龙果、哈密瓜、香蕉等水果，所以午饭一直到下午 1 点半才开始吃。我们吃饭时，电视电影频道播放的正是《星际迷航：暗黑无界》。这是一部很好的科幻片，也是美国大片。所以我们边吃边看，饭吃完了，片子还没有结束，我们继续看，一直到结束，快 3 点了。

我们已很久没能和儿子在家里一起看电影了。儿子自从读了高中后，学习任务越来越多。不学习的时候，他一般会玩下电脑篮球游戏，或者看看动画片，或者听听歌。所以周日一起看电影是难得的一次共同经历。

我们知道，随着儿子的成年，他的独立性会越来越强，即使玩也是跟他的同学一起玩，跟我们在一起的时间会越来越少。这就是长大。长大意味着离开父母的怀抱，离开家庭，走向更广阔的天地。

112. 高三，送给儿子一句话

儿子读高中以来，我没有再专门对他提过要求，或写过高中须知之类的。一方面，他学习比较自觉，我们很放心；另一方面，他思想比较纯净。今年高三，还是比较关键的。思来想去，我还是要写给他点什么，哪怕是一句话。于是，我就在一张纸片上写下这句话送给儿子：一心不二用。下面我又写了三句话来注解这句话：（1）正确的时间做正确的事情；（2）把一个问题研究透彻；（3）努力等于能力。

中秋节，他们放假两天，周五晚上回来的。当晚，在饭桌上，我就把这张纸片放在他面前。我讲了为什么要送给他这句话，这句话不仅适合高三，也适合人生的其他阶段，包括上大学之后。人只有一颗心，所以在一段时间内只能干一件事情。

时间与事情的关系是时间决定事情，而不是事情决定时间。时间谁也改变不了，你的 17 岁只有一次，17 岁的时间正好是你的高三，这是一个正确的时间，如果你不做正确的事情，那么就成功不了。时间不能改变，做事情在于自己。所以，在正确的时间一定要做正确的事情。高三正确的事情，就是全力以赴迎战高考。

高三时间紧，而要研究的问题却很多。你不能因为时间紧，就把一个问题稀里糊涂地放过去。越是这个时间，就越要把一个问题研究透彻。有时，看似一个简单的问题，你钻进去研究，可能就会引出一连串的问题。你把这个问题研究透彻了，实际上是研究透彻了一连串的问题。任何问题都不是孤立的，都是相互联系的，所以碰到不懂的问题，不要轻易放过，一定要研究透彻。

你有能力干好一件事，你却没有干好，是一种什么样的感觉？懊恼。你要努力才能干好一件事情，你却没有努力，又是一种什么样的感觉？后悔。是的，不要让自己后悔。后悔越多，前途就越惨淡。所以，你要努力。你说你的水平就是那样了，不是的，那是你的努力就是那样了。如果你的努力多一点，你的能力就会多一点，你的水平就不是那样了。无论哪一科，都不是你最后的水平，因为你努力的空间还很大。

还要加上一句话：细节决定成败。人的成功在于细节，人的失败也在于细节，因为细节把人与人区分开来。一个注重细节的人，一定是一个认真、谨慎、细致的人。有了这样的态度，干什么事情都会成功的。

儿子，我为你加油！一心不二用，你要这样，我也要这样，每个人都要这样。你的高三，值得你一心一意全力以赴！你的理想，只能靠一心去成就！我和你一样，期待着梦圆的那一天！

113. 高三儿子的“十一”假期

儿子的“十一”假期只有三天!

这就是现在高三的节奏，补课是正常的，不补课是不正常的。三天的假期，儿子说过得很快，一眨眼就开学了。是的，甭说孩子了，就是我们成人也觉得假期过得真快。儿子的“十一”假期虽然只有三天，但过得还是很愉快。

“十一”国庆节这天，他一直睡到上午10点多才起床。补瞌睡，这是高三睡眠不足的必需品。2号上午，我把他送到学校图书馆自习。11点，他坐地铁去光谷，与初中同学聚会，中午一起聚餐。上午在家里，他就用手机买了电影票，是晚上8点的《九层妖塔》。我吃完晚饭从家里出发，他则从光谷出发，我们在电影院见面。我提前几分钟到了，他随后就到了。电影还不错，当然我俩的感觉有模仿的痕迹。

3号中午，他妈妈自学做面包，费了很大的劲，但以失败告终。失败是成功之母，其实我们早已料到这个结果了。虽然做之前，他妈妈信心满满，但我们知道做面包不像蒸馒头那么容易。不过，一片爱心还是令人感动的。下午4点15分送他到公交站，我们先去仟吉西饼店买了面包，然后直奔公交站。这次儿子没有带手机去学校，我们很高兴。不知不觉中，半夜12点才睡觉。

114. 儿子的高三期中考试总结

这是一次关键的考试，高三上学期期中考试。

班主任布置全班学生都写了自己的总结，儿子的总结如下。

本次期中考试成绩比之前调考略有下滑，不尽如人意，主要原因在于自己。

考完不能将失误放过，为什么造成失误？主要原因还是态度。

良好的学习态度是成就感与幸福感的来源。高中对物理与数学的学习一直都抓得很紧，不敢有丝毫松懈，所以这次物理与数学成绩没有太过于令人失望。然而物理考试中的低级错误以后万万不可再犯，整整多扣了十来分，真是给自己敲响了警钟。再说化学、生物。这两个月来加强了化学的练习，但考试时该拿的分拿不到，这是方法问题造成的。生物一直以来都是短板，因为成绩不够理想一直提不起兴趣，学习生物的态度相比其他科目都要差，是时候改变了。英语近些日子练习很多，学得也比较认真，以后保持。最后就是这次考试最出乎意料的语文，不说错五个选择题，连作文也写得焦头烂额，断断续续。这不是偶然，而是疏忽所造成的必然。

规范的学习方法是获得信心与进步的航标。语文被谈论最多的就是多看、多背、多记，平时遇到好词好句要用积累本记下来，并且要多巩固；诗词要多总结经验；写作方面就真得多看范文了。数学我跟老师交流过，老师就让我把课堂、课后作业搞扎实，额外可以多做些题巩固。英语就是要把单词都记牢，这次考试涉及词汇的题我都做错了。而且早晚读时间一定要利用好，提升自己的语感，但这并不能保证高考一定能考过 135 分，而是做到态度认真。理、化、生自从合卷后就变难了，但突破口有很多。物理注意思维过程、思想方法，再就是选择题通过快速完成提高自己的思维速度。课本上的基础知识要做到融会贯通。化学就是基础知识外加知识迁移的能力，化学要掌握几种题型，将其命题思路扎根脑海。平时还要注重与同学、老师的交流。生物老师说，一要培养自己的兴趣，二要通过书本与笔记培养自己的生物素养，这两点很重要。

好好整改是打翻身仗的必要条件。语文要多阅读，写作要经常练。数学有问题要当即处理，多接受难于高考的训练，磨炼自己的耐性和意志。英语做到完成老师的任务外加纠错题积累即可。理综就要花大力气多练了，时间真不多了。如果这个补救的机会再不抓住，以后定会后悔的。总结起来就是多刷题。

其余的娱乐时间能减少就尽量减少吧，在寝室不玩电子产品，刷题不过晚上 11 点半，早起不晚于 6 点 40 分。

从现在开始要抓住每一刻了。

115. 发生在本周的两件事

上周六，我与儿子交流了一个话题：人生一切皆有可能，即每个人的命运都不是注定的，而是掌握在自己手中。只要努力，朝着正确的方向，一切可能都会发生。我举了作家江子的例子，读书时的江子做了不少“坏事”，但只读了师范的江子，做了 5 年教师之后，走上了创作的道路，最后成为江西作家协会副主席、著名散文家。

本周六，我与儿子交流了另外一个话题：人生一切皆有可能，但人生成功没有捷径。我举了唐僧取经的例子，虽然孙悟空一个筋斗十万八千里，可以背着师父去取经，但那就不是唐僧取经，而是孙悟空取经了。只要是唐僧取经，他就必须经历九九八十一难，才能取得真经。其实，取经的过程何尝不是对经书的参悟呢？所以，这件事值得记下来。

另外，昨晚他在 QQ 空间写了一篇有感而发的文章，标题为《念老杨，忆母校》。他们的化学老师，也是一附中副校长杨国红突然被抽调去初中部当校长，不再教他们化学课了。再有几个月就要高考，杨老师突然被任命为初中部校长，全班同学一时不能接受这个事实，大家都认为这不是真的。但事实改变不了，正如当初的分班，他们 7 班突然被拆分，读理科的同学全部转到其他班，只有读文科的同学留在 7 班。儿子是一个重感情的人，针对这两次突发重要事件，儿子都写了文章，因为他心里有话要说，不说出来不行。7 班被拆分之后，儿子在 QQ 空间写了一篇文章，题为《哭了，散了，可心相连》，感动了很多人。同样，这次写化学老师杨老师突然告别 3 班去初中部当校长，儿子的文章依然充满浓郁的个人感情。他的全文转载如下。

刚经历了最后一次学校命题的期中考试，我们又要面对杨老师的最后一节化学课。

杨老师的离开很突然，之前我们不得而知，班主任念及大家的情绪，就提前通知了我们，杨老师要去初中部当校长，让我们有个心理准备，并且为他准备一份特别的礼物。

想到这个为了工作几近拼命的大忙人，这个不过四十五岁却显得很老的先生，这个将全身心投入华一、投入教育的老师就要这样匆匆离开，心就空落落的。

复习课有时难免枯燥乏味，您上课为了打起我们的精神几乎声嘶力竭，几次都面红耳赤。其实上课很不想回答您的问题，因为每次心急的您都催促个不停，其实您只是想调动起我们的思维。下课后就是您与上课没回答好问题的人的谈话时间，或许他们嫌您啰唆，但日后怀念的还是与您一起讨论，抑或是被您点名出洋相的那些时光。当一个班的学生为您熬夜写留言时，我想您早已赢得了大家的心。第二天我跟同桌开玩笑说一个班为一位老师熬夜，杨老师也算是成功了。然而当即就有一位同学说："你怎么不说杨老师经常为我们熬夜?"我顿时语塞。

或许是因为我是从初中部毕业的缘故，我在留言本上写得与大家略微不同，多了一种感情。内容是这样：当听说杨老师您要去初中部当校长时，我的记忆仿佛被一股巨力猛地拉回到那个纯真、真挚、单纯的三年，一时间无法回过神来，这种被思绪瞬间填满的感觉好久没有。您也许会问：为何如此？是因为她——我的母校，真正意义上的母校。是她给予了我不畏惧、不退缩、大步向前的勇气，是她使我拥有在关键时刻努力、奋斗了就不后悔的态度，是她给我带来了一次次锻炼能力的机会、一个个精神导师与一辈子的挚友。她教会一个孩子如何从幼稚变为成熟，教会一个孩子如何从少不更事转变为独当一面，教会一个孩子从被关心到关心，从被爱到爱。因此，初中部侧重的不仅仅是教学、成绩，还有育人。育一个思维活跃的人，育一个勇于担当的人，育一个重情重义的人，育一个有责任心的人。良好的学习氛围与积极向上的风气，美好的校园环境与和谐的师生关系都是我初中三年快乐的源泉。当然最让我珍视的还有友情与师生情。您现在去的初中部比以前更美（我们毕业后翻修了好多地方），每次经过校门都有一种自豪感，牵扯着我的是怀念的情思。真的，她太好了！

相信在高中部善于与老师、学生沟通交流的您，在初中部一定能与那里的师生打成一片，最有情怀的中学校长将由此诞生。您知道吗？当看到您欲言又止的神情、离开教室的背影，全班都似乎木了，不知道此时该如何是好，因为大家都不习惯您这样离开的感觉。您知道吗？大家都很重视这次留言的机会，大家认真的态度，笔尖上真情的流露，都印证了您——是一位让学生铭记一辈子的好老师。

或许这次分离，会让我们铭记过往，更加珍惜现在所拥有的日子！

在这篇文章中，儿子还贴了一些同学写给杨老师的话，都充满真挚的感情——不舍，留恋，难忘。什么是教育？教育就是培养有血有肉有感情的人，教育就是培养有情有义有担当的人。一附中做到了，他们把做人放在首位，培养出的不是只会考试的冷血机器，而是懂爱有情的人。

附记：天气转凉，气温骤降。下午，我们一起去给儿子送厚被子。我先骑车把他送到公交车站，他先走，在宿舍等我们，因为家里他妈妈把晚饭也做好了。然后，我又把车骑回家，与他妈妈一起拿着厚被子和吃的东西去公交车站。当时还不到5点，儿子走的时候是4点半，我们晚了十几分钟。平时一个来回2个小时就够了，但今天超级堵，去时整个民族大道全部是车，根本走不动。我们到民族大学站，儿子还在时间广场公交车站等车，他比我们先走，反而在我们后面。快到学校时，车又堵在路上，我们就下车了，走了一站多路到校门口，然后又往宿舍走了一站路。几分钟后，儿子也到宿舍了。我们回来时，想着不堵车了，但出乎意料，比去时还堵。的士司机的提醒才让我们明白为什么这么堵，原来昨天就开始堵了，是万圣节。武汉逢节必堵。我们完全把这事忘了，因为我们从不过洋节。但现在一些大学生对洋节趋之若鹜。万圣节，他们都逛街去了，路上就堵得一塌糊涂了。原本2个小时的车程，我们一来一回用了将近5个小时，下午4点多出发，夜里9点才到家。

116. 儿子作品集《大爱萌芽》出炉

昨天下午，我把儿子QQ空间的作品编辑制作了一个册子，题为《大爱萌芽》。从封面到目录再到正文，俨然一本书的模样，我发给打印室，让他们打印装订两册。

册子收录了儿子从2008年9月24日（即小学五年级上学期）开始在QQ空间写的文章，一直到上周六晚写的最新文章，总共67篇，52000字。我准备把这个册子作为礼物送给正在准备高考的儿子，让他增加对语文的信心。我早就告诉过儿子，他在写作方面有当作家的潜质。整理编辑出的作品集《大爱萌芽》，进一步证明了我对儿子文学潜质的判断。

晚饭后，我和爱人坐在沙发上一起阅读欣赏儿子的这个作品集。很多美好的往事因为儿子的记录一幕幕重现在我们眼前，我们为儿子一天天的进步而欣慰。尤其是读到一些饱含儿子感情的篇目，我和爱人的眼泪情不自禁流了出来，比如《第一次晚上独自在家》《挨打》《小灰成长日记》《一个值得纪念的日子》《和爸爸发生了争执》《桃子的生日》《回顾 2012，展望 2013》《哭了，散了，可心相连》《念老杨，忆母校》等。

小学六年级时写的“小灰成长日记”系列三篇，堪称杰作。尤其是写兔子小灰被冻死后的《一个值得纪念的日子》，把我和爱人感动得一塌糊涂，泪水止不住往下淌。这篇文章用朴实的语言生动描绘了我们全家与小灰相处的点点滴滴，表达了儿子对小灰突然离去的难过、悲伤和自责的深情。儿子完全像一个老道的作家，在平实的文字中饱含细腻真挚动人的感情。一个作家，首先感情要细腻丰富，然后用语言把这种感情表达出来，最关键的是要能打动读者。这几点，在这篇文章里全部体现了出来。所以说，儿子是有当作家的潜质的。如果他能再多读一些文学经典名著，多动手写，成为一个作家不是不可能的。

当然，儿子目前的兴趣不在写作上，而是地理。他学的是理科，对地理感兴趣，想报考有关地理的专业。无论他喜欢什么，报什么专业，我们都支持他。即使学理科，学地理，写作能力强也是一大优势。再说，理科出身的作家多了。地理学家徐霞客同时也是一位作家呢，他的《徐霞客游记》文学水平极高。

117. 天助自助者

昨晚看完电影《移动迷宫 2》回来，已经 9 点半了。我给儿子看了打印出来的《大爱萌芽》，他很惊喜，感慨很多。洗脚时，他妈妈给他读了《格非：记那些让我没有当成木匠的老师》（《华东师范大学校报》2015 年 10 月 20 日第 4 版）。然后，我把江子的《田园将芜——后乡村时代纪事》和格非的“江南三部曲”之一《人面桃花》从书架上拿出来。

儿子没有忘记，现任江西作家协会副主席的江子当了几年乡村教师，他想改变自己的命运，就拿着自己发表获奖的诗歌作品去找了县委宣传部部长。于是，他遇到了自己生命中的贵人，这个部长把他调进县委宣传部。此后，他的命运开始改变，从县到市最后到省府南昌，成为一名专业作家。

1980 年，格非第一年高考落榜，母亲让他去学木匠。格非不想当木匠，他想读书。镇上中心小学的翟老师说他有一位朋友在谏壁中学当教研组长，如果愿意去读补习班的话，他可以帮忙推荐。母亲同意，格非就去找那位教研组长，上了补习班。从此，格非的命运改变，1981 年第二次高考考上华东师范大学中文系，毕业留校，后来又到清华大学中文系任教。今年，格非的“江南三部曲”获第九届茅盾文学奖。

江子、格非之后，我又对儿子说了我当年要不是下决心自学考研，那么现在我们还在党店呢。“我不能来武汉，我们家也来不到武汉，你也就不能在这里读书了”，我说。“是的啊，不然我现在还在老家呢”，儿子感慨。

我说，江子和格非改变命运似乎是因为贵人相助，但其实根本原因还是他们自己的努力，自己帮助自己。他们有自己的想法，即梦想或追求，然后就去努力，创造条件，机会就来了。这就是天助自助者。上天不会帮助那些自我放弃的人的，你只有自己帮助自己，上天才会帮助你，即让你遇到生命中的贵人。

118.《武汉晚报》发表儿子作品

2015 年 12 月 5 日，《武汉晚报》楚才作文版刊发儿子的作品《班级被拆之后》，部分转载如下。

> 得知我们班确定被拆的消息，我心一下子就凉了。下午到班，我们一群爱打球的决定痛快玩一次，以解心头郁闷。我深切感受到拆班对我们的打击。
>
> 这几天基本都是自习。因为干什么都没心情，我干脆跟小海、耗子在手机上看《速度与激情 1》。高三教室的门大都锁了，外面又淅淅沥沥下着雨。

放学后，我们寝室五个，还有耗子、Nancy 一起在一家熟悉的餐馆搓了一顿。

黄老师得知 7 班被拆也是非常诧异，不过他鼓励我们到新班级不要停下积极上进的脚步。

周三，最后一天在 7 班与同学一起。本来同学关系很好，想着共度高中三年，可变成这般提前告别，真想着这要是高考结束临别赠言的场景多好。

看到黑板上改编过的《那些年》的歌词，就明白这是要送给班主任郑老师的，我低头整理明天要搬走的书。很快郑老师进班公布了分班情况，在我看来分班把很多好哥们好姐们都打散了。在全体同学为郑老师唱起改编版《那些年》时，很多同学都忍不住抽泣。随后大家一个个上台拥抱郑老师。

无论时光如何改变，让真诚永远；无论世事如何变迁，让善良永远；无论是眼前还是天边，让美好永远；无论距离是近还是远，让师生永远，让友情永远！

119. 儿子见缝插针学习

中午，儿子在学校吃完饭后就赶往街道口，我在地铁站出口等他。我们约好了在那里见面，然后一起去洪山区教育局照相。

儿子很顺利，先坐公交到光谷，然后再坐地铁到街道口。他上地铁时给我打电话，我从学校出发骑电动车去街道口地铁站。我先到的，等了几分钟，儿子也从地铁站出来了。他坐上电动车，我们就直奔洪山区教育局，我们从来没有去过，不知道具体位置在哪里，费了很大的劲才找到。

我们到教育局楼下还不到 2 点，但那里已经排起了很长的队伍，都是洪山区的高中毕业班学生。我们赶紧跟着排队，照相的办公室门还没有开，2 点已经过了，可能是 2 点半才开始照相。时间还早，队伍又长，儿子不愿意浪费时间，他想找个地方去自习。我建议他到教育局大楼里去找，应该有沙发之类的，可以坐一坐看看书。他就过去了，我们电话联系。儿子走了几分钟，就给我发来短信，说找到了地方。我回复说让他安心学习，轮到我们时提前给他打电话。队伍越来越长，可是还没有开始照相，果然是2点半才开始照相啊。

过了好一会儿，前面只有几个学生了，我赶紧给儿子打电话。他很快就过来了，又等了几分钟，就轮到他了。

照完相，我们赶紧往学校医院赶，因为跟医生约好了打乙肝疫苗。打完疫苗还不到3点，然后我们又到皮肤科看了医生，他屁股上长了个小包，很疼。医生正在检查，我的电话响了，李老师打来的，要去团风开会，已经3点10分了，我们约好的是3点。医生开了药，我赶紧去拿药，然后就往约定地点赶。路上，我的电话又响了，李老师问我在哪里，我说马上到。

儿子见缝插针学习，我见缝插针陪儿子照相、看病。

120.《楚天都市报》发表儿子作品

2015年12月21日，《楚天都市报》刊发儿子的作品《与郑老师掰手腕》，部分转载如下。

> 掰手腕对我来说是个解压的好手段。晚自习下了，一群人掰手腕，板凳一放，潇洒地一拍桌子，重重地将手臂砸在桌子上，一局就这样开始了。有时不服，第二天再来比试。一次偶然的机会，我连续掰倒几位同学（都是比较壮的），于是我小小身材蕴含的巨大能量让他们折服。
>
> 那天下课后，我看到同桌和前面的同学在我座位上掰手腕。看他们的认真劲儿，我全身细胞都被激活了。“来来来，来一局。”我向同桌发出挑战，结果引来了围观，我暗想，不能在这么多人面前输啊，我可是饮水机委员。可无论我怎么发力，都无法占据优势。在我败阵时，有同学突然坐过来吐槽我，并且还把手摆在我面前，分明是向我挑战。我哪受得了这等刺激？不服输的劲儿又来了，连

续掰赢他们。并且，在掰赢过程中我爆了粗口，被班主任郑老师听到。我刚松手，就看到从人群后方来了一个身影，一双大手摆在我的面前。

啊，郑老师！郑老师最后的出场，彻底引爆全班同学的激情。我心里一沉：不，绝不能输！于是，我站起身，拉开外套的拉链，潇洒地脱掉外套。可是尽管在同学的助威下，在我鼓舞自己的情况下，握着郑老师的手，一股无形的压力已经将我击退。

有几个同学关切地询问，我则表现出故作淡定的样子，但心中却如同万丈狂澜般汹涌，不甘，但更多的是震撼。那臂力，彻底征服了我。但是我会努力，会赢回来！

121. 2015年，我的一个关键词

再有几个小时，2015年就永远和我们再见了。此刻，坐在电脑前，一个关键词“陪伴”一下跳了出来，串起了我的2015年。

儿子今年读高三，离梦想更近一步。当然，离梦想越近，压力就越大，付出就要越多。令我们欣慰和安心的是，儿子的状态很好，他一直在稳步前进。作为高三孩子的父母，我们帮不上他多少忙，一切还要靠他自己。我们能做的，就是陪伴，在他需要的时候，给予他支持和鼓励。我和他妈妈分工合作。他妈妈主要负责后勤保障，每周三的开放日，她都坚持去送饭，无论刮风下雨，无论寒暑。这一点让我和儿子感动，虽然我们很少说什么，但感动一直在心里。无论是谁，辛苦付出总是有回报的。我主要负责儿子的思想辅导、报名之类的事务，每周回来我都会跟他探讨一个话题，聊聊生活、聊聊电影、聊聊老师和同学。我们想对儿子说：朝着你的梦想坚定前进，我们的目光永远追随你前进的脚步和身影，为你鼓劲加油。

122. 元旦陪儿子看电影

又很久没有看电影了。元旦放假，儿子也回来了。元旦晚上，别人都去逛街购物，我们一家三口去影院看了电影。儿子用手机订的票，是3D《寻龙诀》。因为是7点的电影，我们不到6点就匆忙出发了，怕耽误。走得急，儿子的书包忘记背了，他的眼镜在包里呢。儿子几次想下车回去拿眼镜，我们没有让他回去，说到电影院可以往前面坐，应该可以看见的。路上很顺利，十几分钟就到了。我们先到超市买点水果，还有一大瓶椰子汁。然后去影院，取票时耽误了几分钟，进去后已经开始放映了。与去年的《九层妖塔》相比，《寻龙诀》情节紧凑多了，并且连贯性很好，不像《九层妖塔》，前面部分扣人心弦，后半部分有气无力，有点虎头蛇尾。

元月3日午饭后，打开电视电影频道，《佳片有约》刚开始播放，是美国的《罗宾汉》。于是，我就打消上床午睡的念头，把这部片子看完了。这部影片确实值得一看，不说恢宏霸气的战争场面震人心魄，就是两位主人公的爱情也让人心生美好。

有这两部好影片相伴，2016年的元旦假期还是很不错的。爱电影，爱生活。电影能够让我们暂时放下心中各种块垒，去享受生活的美好和艺术的魅力。生活不能没有快乐，就像天上不能没有月亮一样。而好的电影可以给人们带来无限快乐，让我们忘记烦恼，丢掉不快，放松身心，去更好地生活。

123. 爱即时间

2016年1月6日中午突然接到爱人的电话，她说下午单位年终考核会，不能请假，必须参加，所以给儿子送饭得改到明天中午，让我问问儿子可以不可以。我当即给儿子打了电话，他说让我送饭，因为还要些生活必需品，比如手机、洗发水、沐浴露等。于是，我就给爱人打电话说下午我去送，给儿子送他最喜欢吃的湾仔码头饺子。如果是爱人送，她会自己做东西，一般都是下午 2 点多就开始准备，然后 4 点之前做好去赶公交车，5 点之前到学校食堂等儿子下课，然后等儿子吃完再带着碗筷回来，到家一般都 7 点了。所以，从开始做饭到送饭到回家，一般需要 5 个小时。

时间过得很快，3 点半到了，我不敢耽误，赶紧骑电动车往家赶。我先奔到小区对面的中百超市，买了一袋韭菜猪肉馅的湾仔码头饺子。到家之后又直奔厨房，水已经提前准备好了，我直接打开火。十来分钟，饺子煮好了，我把饺子装到饭盒里，然后带着儿子需要的其他东西就出发了。如果是他妈妈送饭，会步行一千米坐公交车，中间再转一趟公交车。我出发时已经是 4 点 10 分了，所以我怕耽误了，就决定骑电动车先到时间广场，把车子放在那里，然后再坐公交车直接到儿子学校。这样就可以节省时间，提前赶到儿子的学校。

一路上很顺利，十几分钟我就到时间广场。看看公交站牌，上面没有我要乘坐的那趟车，于是我又乘车先到前面一站，那里有车。在那个站又等了十几分钟，车才到。不过，坐上车后路上很畅通，十几分钟就到儿子学校大门口了。我看时间才 4 点 50 分，大门已开，家长可以直接进，我跟其他家长一起步行几分钟到了学校食堂，我选了一个靠门口的座位，儿子一进来就可以看到我。等了十来分钟，5 点 10 分的样子，儿子才过来。

除了吃的东西和用的东西，我还带了刚刚评出的“华师十大阅读之星”冠军李悦的借书记录，打印好的 23 页 A4 纸，还有李悦写的读书感想。感想写得很好，所以我就带给儿子了。儿子边吃饺子，我边给他讲李悦的读书故事，他听了很佩服。5 点半，儿子吃完回宿舍了，我也告别儿子去赶公交车。一路上还比较顺利，6 点半我就到家了，比他妈妈提前将近一节课的时间，因为一半路我骑的是电动车，一路绿灯。

从 3 点半到 6 点半，整整 3 个小时。这就是爱，爱就是付出时间。你爱一个人，你就会把时间给他；你爱一个事业，你就会把时间给那个事业。没有时间，就没有爱。所以说证明爱很简单，就看是否愿意花时间。时间在哪里，爱就在哪里。我们爱儿子，我们当然愿意把时间给儿子。

124. 高三下儿子的周末

这里没有用“双休”一词，因为自从上高三以来，儿子就没有双休了，每周六下午放学回来，到家都六七点了，然后在家里只待一个夜晚和周日上午半天，下午休息一会儿，4 点 10 分就乘车去学校了。所以，现在我只能说是周末。

上周五夜里下自习后，我看了下时间是 10 点 37 分，他给我发短信说，周六下午跟同学看电影《老炮儿》，不回家吃晚饭了。其实元旦放假我们全家刚看了一部电影《寻龙诀》，才过了一个星期，儿子又要看电影。但他已经和同学决定好了，所以我只好回短信说“尽量早回”。

现在看电影买票很方便，在手机上随时可以买，任何城市的任何影院任何场次任何座位，都可以用手机买票，支付宝和微信都可以买。儿子他们已经订好了票，周六晚上 7 点开始放映，9 点结束。周六下午 4 点多放学，他和同学一起吃了晚饭，正好直接去电影院。这部片子据说很不错，上次本来我们要看的，但因为没有买到票，所以没有看。

看电影过程中，儿子给我发了两条短信。第一条是电影刚开始放映时发的，“这电影好看，《老炮儿》，刚开始，我 9 点回去”。第二条是电影结束后发的，“这片子让我感触太深了，强烈推荐”。看来这部电影的确不错，在去车站接他回家的路上，我问这部电影好在哪里。他说主演演得太好了，还说中国的电影进步很大啊，越来越好了。看来儿子的电影欣赏水平也不断在提高。

周日早上，我 8 点起床，8 点半喊儿子起床。儿子说我们去外面吃，不想在家里吃了。他妈妈本来准备打豆浆的，我俩不在家吃了，她只好做了自己的早餐。我骑电动车带儿子直接去学校食堂吃，到学校后已经 9 点了。我们去的是桂香园，二楼没有东西卖，一楼可选的东西也不多。

我们只好吃热干面，儿子另外要了一个鸡蛋，我又买了两杯豆浆。吃完饭，儿子就直接去图书馆学习了。高三以来，儿子喜欢上了到我们学校图书馆学习，他说图书馆的环境好，现在是冬天，还有暖气。所以，每个周末包括元旦放假，儿子都会去泡图书馆。这是很好的习惯，我们当然大力支持了。上大学前，先泡大学的图书馆。养成习惯后，上了大学就可以天天去泡图书馆了。

儿子说，从这个周开始，他们的学习任务又加重了，考试很频繁，周末留的作业也比原来多。毕竟，高考倒计时了，只有 5 个月时间了。学校肯定会越抓越紧，学生学习的强度也会越来越大，但身体是第一位的，必须保证身体好好的，然后学习才会更好。如果身体搞垮了，那就不值得。所以，我们不给儿子压力，而让他从容面对，不要过于紧张，该吃吃、该喝喝、该玩玩、该睡睡，当然该学习就学习。合理安排好高考前的时间，抓重点、攻难点、强弱点，全面提升，一定会实现自己的梦想！

125. 家长要帮助孩子排解舒缓压力

上周三，爱人去给儿子送饭回来说，现在班里学生压力大。我听后心里一紧，儿子表现还好，能够正确面对压力。现在离高考还有 5 个月呢，如果心理出现问题，或者经受不住来自各方面的压力，那么高考就很难发挥出应有的水平。

当天晚上，儿子发了 QQ 说说：“压力一天天越来越大，班上已经有几个同学出现心病，有同学越来越焦躁，我也有积压的东西。但在这紧要关头，谁不是硬撑过来，需要做的就是忍耐与坚持。”

是的，每个人都有压力。哪怕不是迎接高考，仍然会有各种压力。但高考不比其他压力，因为高考对于一些学生来说重要程度不言而喻，所以高三学生的压力之大可想而知，尤其是名校，学生压力更大。对名校的学生来说，他们的目标定位更高，竞争就会更加激烈，所以压力就会更大。

儿子的高三安排相对合理，他有自己的减压方式，听歌、运动、聊天、读书等都是他的减压方式。因为下周要参加元月调考，所以他们提前一天回来，昨天（周五）下午放学就可以回家了。周四早上我打开手机收到儿子给我发的短信："明天晚上在光谷看电影《星球大战》。因为之前叶一航跟我说过，今天又让他妈把票订好了，所以明天晚上不在家吃饭。晚上 8 点的电影，回家就 10 点了。我到时候坐地铁到虎泉。"

昨天晚上，快 11 点了我才从虎泉地铁口接到他。估计他坐的是最后一班地铁了，因为最后一班地铁是晚上 10 点 35 分。路上，我们聊了起来。他说，下午 4 点多放学后，跟同学们一起打了篮球，很爽。然后他又洗了澡，就和叶一航去光谷了，吃完饭就去看电影了。这是最近儿子看的第三部电影了。上周末，他跟初中同学一起看了电影《老炮儿》。上上周末，即元旦假期，我们一家三口看了电影《寻龙诀》。这哪里是高三学子的节奏啊！但我们很支持儿子，毕竟平时压力太大，周末或节假期看部电影或运动放松下是很有必要的。另外，我们没有给孩子施加任何考试的压力，很少谈分数、排名之类的话题。

我们认为，高三家长要做的不是给孩子施加压力，而是缓解压力。学校也应该是这样，不能给学生再施加压力，只要按照正常的复习安排进行就可以了。不仅不要加压，还要减压，因为学生会给自己施加压力。

126. 高三的一场虚惊

周二，我和爱人一起去北京。当晚，我在入住的宾馆给儿子打电话，他说第二天开始元月调考。第二天是周三，如果在家，爱人会去给儿子送饭。因为我俩都在北京，所以就不给他送饭了，而他也正好参加元月调考。

周五，我们去了北大和圆明园，气温很低，最低气温零下十几摄氏度。我们碰上了北京低温的极值天气，近 30 年的最低温。所以，手机很快就没有电了。晚上 6 点多到宾馆，赶快充电，然后去餐馆吃饭，与亲戚刘大姐约好的地方。

吃饭后回到宾馆，已经 8 点多了。看手机，有两条短信，是儿子发来的。他问我们玩得怎样，说他下午 4 点多回家了，拿拖鞋和鼻贴，顺便喂了一下小兔。还说考试还行，理综考得不错，但考英语时发生了最惊险的一件事。

看了儿子的短信，我赶紧给他打电话，关机。我们走前，他说周六回家，所以我们买的返程票是周六的。他怎么提前回家了？家里的水、电、气全部都关掉了，他是怎么吃饭的？我们很牵挂。又拨打了几次，可是手机一直关机。难道是跟小伙伴一起去玩了？看电影了？我们心想。可是，不应该关机啊。难道是手机没有电了？我们的心一直悬着。

到了 10 点多，我们又拨打过去了，仍然是关机。于是我就给他爷爷打了电话，他已经睡觉了，我让他骑车去我们小区看看是怎么回事，看看儿子在不在家。我让他爷爷带着手机，有什么情况好联系。10 点 28 分，我突然收到儿子的一条短信，他说他 7 点就回学校了，第二天下午还要考理综。

原来儿子又回学校上自习了，所以手机一直关着。这时，我才明白，儿子给我发的短信，“拿拖鞋和鼻贴，顺便喂了一下小兔”，其实这里面已经有了去学校的意思，但当时我没有细想，就给他爷爷打了电话。后来，他爷爷 11 点半才到他们住的地方，说在楼前楼后转了几圈，屋里黑乎乎一片，什么也看不到。一场虚惊啊！

127. 高三元月调考

上周儿子参加了元月调考。对他们来说，元月调考是高考前很重要的一次模拟考试。昨天去公交站接儿子回家的路上，他就把这次考试的情况对我说了。成绩还不错，全校第 500 多名，数学发挥正常，125 分，理综很好，考了 260 分。但语文和英语没有考好，语文还不到 100 分，英语也只有 100 分。他说了英语考试的惊险，就是收卷时他的选择题答题卡还没有涂。他的语文成绩一般是 110 分上下，英语是 130 分上下。如果这两科发挥正常，那么就会进入前 500 名了。

今天早上，打开电脑，班主任把这次调考成绩单发给了家长，上面有每科的成绩、总分及其排名，很细。在讨论这次成绩时，儿子说英语考试的教训很大，一定要相信自己。他本想着等做完所有题之后把拿不准的再改下，然后再涂答题卡。可是高考哪有那么多的时间啊？所以，要相信自己，做完选择题就要及时涂上答题卡，拿不准的做个记号，如果还有时间再检查。

通过这次考试，儿子也认识到，所谓的超常发挥其实就是正常发挥。我很认同这一点，如果这次儿子的语文和英语正常发挥的话，那么他的总分要高出几十分了。有了这几十分，名次就要大大往前进了。儿子能够有这样的认识或者说反省，找到自己的不足，改正完善，积累经验，能正常发挥，考上自己梦想的大学就很容易了。

今天吃完早饭后，儿子又来学校 7 号楼自习了。毕竟，儿子学习还是很自觉的。当然，这也是自己的事自己操心的表现。

128. 孩子为何不听你的话

昨天早上，我收到儿子发的短信，他说下午 4 点回家拿眼镜，晚上在家吃饭，吃完饭就去学校。下午 4 点他打电话说已从学校出发了，半个多小时后他就发短信，让我到公交站去接他。这真是最快的回家速度啊，原来每次都要一个多小时，现在因为大学生放假了，民族大道畅通多了。

儿子说 5 点半吃饭，可是因为蒸馒头，将近 6 点才做好饭。不过，我们提前给他热了水果，苹果、柑橘和皇帝柑。儿子吃了不少，然后他就去书房看手机了。吃饭时，本来他的一大碗粥快喝完了，他妈妈又给他加了半碗。他喝不完了，说水果吃得太多了，水果应该饭后吃。他妈妈说水果应该饭前吃，饭前一个小时或饭后两个小时吃水果。儿子问为什么，这个说法来自哪里。他妈妈说这是常识。然后围绕这个，两人辩论起来，儿子就是想知道为什么，不然他是不相信的。他妈妈说是电视上说的，但这也不能说服儿子，儿子认为电视上说的与没有说没什么区别。

我肯定了儿子的观点，不但要给出一个结论，即是什么，还要给出为什么。我们教育孩子，总是一句话，要孩子干什么，不要孩子干什么，并没有把为什么告诉孩子。当然，对此孩子一般是不会接受的。因为孩子最想知道的是为什么，而不仅仅是一个结论。比如你说 Wi-Fi 对身体不好，这个不好到底表现在哪里，你要告诉孩子，不然孩子怎么能接受呢？所以，很多时候不是孩子不听父母的话，而是父母没有把话说好。父母不会说话，孩子当然不会听，即使听也是左耳朵进右耳朵出。

我们要求孩子时，不能靠简单的命令式，做什么，不做什么，而要弄清楚为什么。父母首先要弄明白要求孩子做或不做的原因，然后对孩子说清楚，孩子一般都是会接受的。

129. 儿子的目标

昨天下午 4 点，我们从岳阳回到武汉的家。5 点多，儿子从学校坐公交回到家。昨天上午，我在家长群看到留言，儿子所在的高三今年寒假放假九天，这个周日不休息，继续上课，然后 2 月 3 日停课，2 月 4 日开始放假，共计九天假期。

这次回来，他给我们带回了很多重点大学的招生宣传册。我在儿子 1 月 27 日的 QQ 说说里看到一附中毕业生回校宣传的事情，“近几天晚自习班上上演大一学长各种风格的‘闯入’。听了他们的介绍和演讲感觉挺受鼓舞的，以前也在一附中的他们对我们这些学弟、学妹们是发自内心的真诚。希望明年也能成为这个团队中的一员”。

听完这些学长的介绍，儿子目标更明确了。他说他的高考目标就是北京师范大学或武汉大学。选择北师大是因为对师范大学有很深的感情，毕竟儿子从小学开始一直就生活在华中师范大学里，从华师附小、附中初中部到高中部，享受的都是华师资源，当然对师范大学怀有很深的感情了。武汉大学是一所具有艺术范的重点大学，儿子喜欢武大的气质，当然也是因为喜欢武汉这座城市，所以他也选择了武汉大学。

我们很赞同儿子的看法，也支持儿子的选择。这两所大学，都是顶尖的，各有优势。北师大在首都北京，可以享受很多无形的资源和条件。武汉大学在我们身边，一切都很熟悉。有目标就有动力，有目标就有方向。有了目标，再有不懈的奋斗，就可以实现。加油！

130. 期待随州之旅

今天，儿子回家除了吃顿饭见个面聊聊天，还有一个重要任务，选一个景点，寒假出去玩下，毕竟他放了九天假。如果时间短，三四天假，那就算了，在武汉过。他想出去玩，我们就支持。即使高三，也不能只讲学习，仍然要学会休息。再说出去旅游，也不是纯粹浪费时间，而是开阔视野，丰富人生阅历。有人说过一句话，人生就是一场旅行。我们不能只待在一个地方，只要有时间，就要出去走走看看，风景在路上，感受在心里。

儿子说去赤壁。他妈妈不同意，说赤壁这个时间不好玩，就是一个三国古战场，没什么看的。儿子只好再选，他拿出湖北地图，最后选定出土编钟的随州。随州是个好地方，有很多好玩的。随州历史悠久，人文底蕴深厚，有炎帝神农故里风景名胜区、曾侯乙墓遗址、随州博物馆等。自然风光更是不胜枚举，国家级风景名胜区——大洪山风景名胜区，还有桐柏山、中华山、徐家河、封江等风景名胜区享誉省内外。所以，我们一致同意就去随州玩两天。

我和儿子开始在网上订票。正是春运高峰，临近春节回家过年，所以从武汉到随州的火车竟然没有票。很多车不仅没有坐票，站票也没有，比如动车的站票都售完了。没办法，我们只能选择快车站票，两个多小时到。返程时，从随州到武汉，很多车有票。我们选择的是动车，一个小时就到武汉了。

今天上午，我又在网上把入住的宾馆预订好。我们期待着这次随州之旅！

131. 高三的随州之旅

读万卷书，行万里路。随州之行，感慨很多。

腊月二十六，我们一家三口来了一场说走就走的旅行。虽然大家都在忙着置备年货，我们却拿起行李踏上去随州的行程。

慢车，虽然无座，但幸运的是上车有两个座位，我和爱人一直坐到随州。儿子也没有站着，他坐在提前买的小板凳上。

根据我们的行程，到随州后的第一站就是随州博物馆，可是坐公交赶到后，告示春节放假闭馆。带着遗憾到附近的擂鼓墩古墓群，那里正在整修，也是关门谢客。再到附近的植物园，没有看到什么特别的景致，遗憾。走到大街上，拦了一辆的士，去了随州文化公园，虽然由人工打造，但气魄雄伟，值得一看。在那里，我们知道了一个名人季梁大夫。季梁很厉害，是儒家道家等百家思想的源头。

第二天早饭后，我们又打的去了距离随州 20 千米的随县炎帝神农故里风景名胜区。传说炎帝出生在随县，所以随州乃至湖北重点打造了该风景名胜区。每年的祭祖仪式都特别隆重，尤其海外华人寻根问祖者众。但看过之后，发现明显都是人工景点。炎帝大殿刚刚修好，外墙还没有粉刷。我们对炎帝神农故里风景名胜区是满怀期待的，可是看过之后有点失望，毕竟 78 元的门票很不值。

随州行走，印象不好。毕竟，我们的功课还是没有做好，加上临近春节，大家的心都在过年上，并没有放在不是很出名的景点上。我们去的几个地方，游客都很少。

132. 儿子做个灯笼迎新年

上午去超市买年货，看到有手工灯笼材料包，于是就买了一个。这个灯笼要拿回家自己动手组装，即相当于自己动手做出来，别人提供的是零件。这款手工灯笼名叫“张灯结彩过大年”，是传统样式的四方形宫灯。四面的装饰是中国剪纸图案，很喜庆。

儿子擅长动手组装这些东西，所以这个做灯笼的任务当然是要交给他完成的。昨天上午儿子去学校自习室学习，将近下午 1 点才到家。午饭后他又去学校自习室学习近 4 个小时，将近 7 点才到家。所以，白天一直没有时间组装这个灯笼。儿子放下书包，我把灯笼材料包交给了他，里面专门有一张《装配操作说明》，把操作步骤写了出来，这样按照说明来组装，应该不难的。我在书房粘贴家庭旅游本，儿子就拿着灯笼材料包去客厅茶几上组装了。

我粘贴好后，儿子还在埋头认真组装。虽然只是一个硬纸板组合起来的灯笼，但组装起来并不那么容易。首先要看懂示意图，然后按照操作步骤进行组装。仅仅组装需要的宝盖钉就一堆呢。我过去看儿子组装，准备搭把手，这也是我买这个灯笼的另外一个目的，父子一起动手做灯笼。在这个过程中，我们两个可以进行配合互动交流。我们的教育就是缺少这样父母与孩子一起参与的活动或者工作任务。因此，父母与孩子之间缺少互动交流，没有共同语言。

果然，儿子需要我的帮助。他一个人要双手拿着灯笼配件进行组装，宝盖钉不好拿。我按照儿子的要求，把宝盖钉的两个脚掰开一点，然后插进灯笼配件相接的小圆孔里。这样儿子再进行固定就容易多了。由于我的参与，儿子组装灯笼的速度快多了，十几分钟我们就大功告成了。在安装灯笼里的LED灯时，我们两个一起观察、思考才安装正确。最后的吊穗和吊绳虽然装好了，但灯笼挑起来时不平衡，我观察之后，发现儿子做得不正确，于是进行了改正，组装好的灯笼非常漂亮！

儿子把灯笼里的LED灯打开，红色的灯光，红色的灯笼，红红火火迎新年。我们把灯笼挂在酒柜上，家里的年味一下子出来了。

133. 高三的大年初一

昨天是春节，即大年初一。由于除夕守岁熬夜，儿子和他妈妈起床较晚，吃完早饭就快10点了。我骑电动车带着儿子去给他爷爷、奶奶拜年，一直坐到11点半。儿子坚持要到7号楼自习室学习，我把他送过去，还好门开着，自习室里只有三个人，儿子是其中之一。儿子的时间为什么抓这么紧？因为再有三个多月就高考了。他在上午更新的QQ说说里这样写道："今年算是比较特殊的一年，因为我们高三的有目标要实现，只要努力了就不会留有遗憾。祝愿大家能够圆梦！一起拼一把！"

我说等他一起回家，他说不用，让我告诉他妈妈下午2点再开饭。他一直学习到下午1点半，然后坐公交回家，到家还差5分钟2点。吃完饭后，他与同学约好了，去华师打球。3点他骑自行车去学校，打球到5点多回家。先洗澡，然后休息吃水果后，他打开电脑做题目。晚饭后，我们全家一起在电脑上看美国大片《复仇者联盟1》。看完电影，还有10分钟就夜里11点了。洗漱之后，儿子上床休息。

这就是儿子的大年初一！他有个特点，学习的时候就只讲学习，玩的时候就尽情玩。这种专注精神非常重要，专注于一件事，无论学习还是娱乐都不分心，如此才能做成事，如此才能获得成功。

134. 儿子给我们讲电影《美人鱼》

大年初二，儿子上午照常去学校自习室学习到下午 1 点半。2 点多吃完午饭，他收拾东西出发与同学李扬元会合。他们已经商量好，一起乘坐 732 路公交，到终点站去看看有什么风景。然后两个人一起吃晚饭，再去看一部电影《美人鱼》。李扬元已经把电影票订好，儿子就晚饭买单。

不到 9 点，他就回家了。他对我们讲了两个人下午玩的情况，两个人的学校之间只隔着一条马路。两个人相互作为向导，到双方的学校参观。然后去看 732 路公交终点站的风景，藏龙岛，那里大学很多，湖光山色。

电影《美人鱼》很好看，他推荐我们去看下。他给我们讲了电影的主要情节，男一号是个大款，买了一片大海，通过声呐技术把各种生物全部赶走，要填海造地赚大钱。美人鱼家族为了保护自己的家园，决定派最美丽的一条美人鱼化作美女去刺杀男一号。在美人鱼家族看来，干掉这个填海造地的坏商人，就解决了一切问题。但是，在美人鱼与男一号交往的过程中，两人产生真挚的爱情。于是，结局是美好的，大海回归平静，美人鱼家族重新过上美好的生活。

我又问儿子看电影的收获，他说电影环保的主题很好，通过一个美好的爱情故事呼吁人们保护生态环境，尤其是海洋环境。

135. 儿子拜师记

大年初三，下午 3 点多，我们一家三口乘坐公交去给居住在玉龙岛的谭老师拜年。路上很顺利，还在年中，大街很空，转了一趟车就到达玉龙岛。

谭老师在家等候我们，迎进客厅，谭老师去泡茶。儿子第一次到谭老师家中，一下子就被谭老师客厅里的高大书架所震撼。儿子高三，所以一个重要任务就是请谭老师给他指点下，怎样准备高考语文。毕竟，谭老师一直是湖北卷的命题专家。虽然今年湖北不再自己命题，而是用全国卷，但都应该是差不多的。

谈话很愉快，从 3 点半一直持续到 7 点半，将近 4 个小时。有谭老师的主动介绍，也有儿子的询问。儿子主要询问了两个方面的问题，一个是古诗文阅读，另一个是作文。但谭老师高瞻远瞩，以“真正的学习”思想贯穿整个谈话。说到语文的考试，他说主要有三个层面，一是知识的层面，二是能力的层面，三是素养的层面。他分别谈了这三个层面的内容及其怎样提升。说到备考，他提出思辨、逻辑和思想的概念。今后考试的方向不再是只考知识，而是考学生的思辨能力和逻辑思维能力。通过这样的改变，把学生的学习引到“真正的学习”道路上。他以作文为例，“真正的学习”是：拿到一个作文题目后，不是写一篇作文，而是把题目中的问题思考清楚，然后分析问题，解决问题。这里面不仅渗透思辨能力，也有逻辑思维能力。经过这样的思考，必然会有自己的独到见解，就是思想。一篇作文，考过之后就扔掉了，但一个思想却永远变成了自己的。这就是进步。“真正的学习”才能进步；而“漂浮的学习”，不会有进步。“漂浮的学习”，没有经过自己的思辨和逻辑推理，没有进入自己的生命，所以就很难进步。谭老师的这个学习观很深刻，解决的不仅是高考的问题，而且是“真正的学习”的问题。

几个小时的谈话，我们却觉得时间很短。这是因为思想的力量，或者心灵的对话。谭老师说的都是学习语文的真谛，没有一句假大空的话，所以我们听起来如沐春风。对儿子来说，谭老师的话让他醍醐灌顶。最后谭老师推荐了宗白华、闻一多、朱自清等人的散文，即有关哲学、美学、文化的散文，要多读一些。还有欧美代表作家的散文集，也可以看一些。

6 点多，天色早已暗了下来，谭老师站起来要给我们做饭，我们没有让他忙活。因为我们还想继续聆听思想者的声音，坐下后我们又谈了 1 个多小时，才告别谭老师。儿子说，他们学校离谭老师家近，会经常找谭老师求教。走在玉龙岛中心广场，儿子由衷赞叹：“谭老师不愧是老爸的老师啊!”

136. 热烈讨论《岳阳楼记》

培养孩子的思辨能力，要多与孩子就某个问题进行深入讨论，甚至辩论。只有这样，才能不断提高孩子的思辨能力和逻辑思维能力，让孩子成为一个有思想的人。

昨晚，围绕《岳阳楼记》这篇著名散文，我和儿子进行了较深入的讨论。我刚读完《吾谁与归：范仲淹与滕子京的生死情》这本书，对两个人 37 年生死情谊以及《岳阳楼记》产生的来龙去脉比较熟悉，所以我就给儿子提出了两个问题，第一个是这篇文章的文眼是什么；第二个是如果滕子京让你来写《岳阳楼记》，你又该怎样完成这个任务。

第一个问题，儿子的回答是“不以物喜，不以己悲”，然后又说“先天下之忧而忧，后天下之乐而乐”。后来，当我们讨论到为什么会有《岳阳楼记》这篇文章时，他才发现开头“滕子京谪守巴陵郡”中“谪”字的重要性，当然这篇文章的文眼应该是这个字。正是滕子京被贬谪到巴陵郡，才有重修岳阳楼的建议和实施，又因为重修了岳阳楼，要写文章纪念之，所以才有了范仲淹的《岳阳楼记》及其核心内容。如果没有“谪”字，一切都不会发生，也不会有千古名篇和千古名句。

第二个问题，重修一个具有标志性的历史建筑，无论是亭台楼阁，还是其他，早在岳阳楼之前就有很多，并且有很多相关的名家名篇。那么，岳阳楼重修之后该怎样写？写什么？这就是一个很重要的问题，如果想不清楚，那么就很难写出来，即完不成滕子京的任务。我们从两人的关系，从滕子京修岳阳楼的前前后后，一直到两个人的为人、为官、为文，进行了讨论。结论是，范仲淹不仅是自己在写《岳阳楼记》，也是在化身滕子京来写，更是代表天下士人来写。正因为此，才会有文中“先天下之忧而忧，后天下之乐而乐”的千古名句，也即天下士人的共同准则和道德风范。

讨论是个好东西，在家里一定要就一些有意思和有深度的问题进行讨论。把一个问题讨论清楚，孩子的思辨能力自然就会得到提升，逻辑思维能力在这个过程中也会形成并提升。

137. 儿子要给我打赏

儿子初五开学，一直到昨天下午才回家，这是他连续在学校时间最久的一次经历，前后总共九天。虽然时间很长，但儿子的 QQ 说说一直没有更新，很安静。我们知道他已经完全投入备考中。

但这个周六我给他的信息量却很大。第一，我在朋友圈连发的 3 篇《三间老瓦房》给他很大的刺激。因为我的这几篇文章，儿子对老家的三间老瓦房的了解加深，对其存在的意义和价值第一次懂得。老瓦房不仅代表着爷爷、奶奶一辈人的艰苦奋斗精神，也代表着那个时代的方方面面，更是优良家风的象征。这就是老瓦房在朋友圈引起极大关注的根本原因，也是我们重新认识故乡、重新了解老一辈经历的最好切入点，当然也唤醒了我们内心传承奋斗精神的良知！

第二，昨晚洗脚时我给儿子讲了《古文观止》中韩愈的代表作《杂说一》。这篇文章讲的是龙与云的关系，儿子听了啧啧称赞，也懂得了每个人都要努力创造有利的条件，就像龙吐气成云而又借助云而灵异无所不能一样。

第三，我给儿子讲了我的突发联想，大海里也有故乡的一滴水。我从故乡村子前的北马长河到洪河再到淮河再到长江最后到大海的水流说起，大海之所以大正因为其不拒小流，哪怕是最不起眼的乡村小河——北马长河的水，反过来也正是数不清的北马长河的水汇聚在一起流进大海才成就大海的博大。这就是小河与大海的关系，小河不要因为自己小而自卑，大海也不要因为自己大而高傲。由此我告诉儿子，任何人都不能小看自己，把自己看得太低，要有志气，要有自信。我们生在一个伟大的时代，而这个伟大的时代也是每个小我共同创造的。我们即使再普通也不能小看自己，个人即时代说的就是这个道理。另外有意思的是，大海会反过来回报小河，它会变作云气升腾，随风飘到小河的上方，摇身一变成雨，再次落下流进小河中。而小河也不会只顾自己，仍像以往一样奔腾不息流到大海。就这样，一个生生不息的循环就形成了。这还告诉我们，任何事物都是相互联系、相互作用的。事物之间的联系就是自然界的规律。学习何尝不是这样？一定要找到知识点之间的联系，把知识变成小河流动起来，这样学到的就是活的知识，而不是死的知识。活的知识才能创造新知识，而死的知识则不能。所以要活学，活学则能活用，死学就容易走进死胡同。

第四，我还给儿子讲了树叶与树根的关系。根深叶茂，落叶归根。根与叶的关系，就像家与人的关系。一个人走得再远，也不能忘记家在哪里。因为没有根，叶就会枯萎。因为没有根，人就不能立起来。落叶归根是叶对根的回报，让根生长得更好，长出更好的叶。而叶就像一代又一代的人一样，生生不息，周而复始。中华民族之所以伟大，几千年文明没有中断，一直生生不息，就在于中华民族的根强大。无论遇到什么样的危险灾难，中华民族都可以从苦难中站立起来。这就是根的力量。根是什么？根就是魂，根就是文化，根就是历史，根就是优良的传统，根就是伟大的民族精神！

儿子一下子听到这么多干货，欣喜异常，因为他的眼界大开，思想升华，这就是真正的学习，动脑筋思考的学习，解决问题的学习。今天下午 2 点，儿子忍不住发了 QQ 说说：“每周回来都看老爸给我写的文章，有时感动得想狠狠打赏他一回，可我能拿出来的其实是他的钱。还是要通过努力才能回报老爸，要更加用心了。”

138. 高三 1 部 2 月高考总结暨高考百日冲刺动员大会

3 月 5 日，一个特殊的日子——学雷锋纪念日。就在这样的日子里，华师一高三 1 部 2 月高考总结暨高考百日冲刺动员大会在 1 号楼报告厅举办，高三 1 部全体教师、学生和家长坐满了整个报告厅，晚到的家长只能站在报告厅两侧的走道。

动员大会由 2 班班主任主持。第一项是吴晨光主任介绍 2 月调考情况，标题为《奔向猴年马月——前行足迹》，内容先是成绩，武汉市理科状元在 9 班，武昌区文科状元在 7 班，确实振奋人心，接着是 2 月调考存在的问题，很有针对性，对下一步备考价值极高。第二项是调考“学习之星”表彰。第三项是文科学生代表发言，发言者是 7 班的袁若璨，武昌区文科状元。第四项是教师代表发言，9 班班主任胡立松老师的激情演讲震撼了全场，他的题目是《就是今天，去做》。第五项是理科学生代表发言，发言者是 9 班的万钟志超，武汉市理科状元，鼓舞人心。最后是主持人的《我还想说》和《我不想说》，他用一幅漫画和一段视频征服了全体师生和家长。

这真是一场激动人心的动员大会，更是一次精神洗礼和心灵锤炼。加油，孩子！

139. 忙自主招生期间，儿子身体突然出现状况

从上午 10 点多一直忙到下午 6 点，才算把儿子的自主招生其中一个学校落实。各种数据、各种东西处理起来很麻烦。最后申请表出来后

还要到学校盖章，我没法去，就只好请一附中学校办周勇主任帮忙。周主任正好在办公室，就帮我打印出来，盖上章子，又拍照发给我。他刚发过来，儿子正好去拿表格。谢谢周主任！

上周五儿子打电话说，他感冒了，很厉害，要回来看看。我们陪他到校医院看，果然，感冒不轻。他的鼻涕很多，鼻子都拧红肿了。医生给他开了几样药，叮嘱多喝开水。正是高考复习的关键阶段，身体一定要保护好。这段时间，正是冬春交替的季节，早晚温差很大，中午将近20摄氏度，早晚降到几摄氏度。这几天早晚更冷，只有三四摄氏度。所以，衣服一定要多穿，不然就很容易感冒。估计儿子没有注意，打球之后受凉感冒了。

上周，儿子的感冒让我们很担心。毕竟，身体不舒服会影响学习。这周四下午，他又打电话说，身上长满了小疙瘩，痒得很，已给班主任请假，要回来看看。我赶紧骑车去时间广场接他，到小区已经6点多了。我们直接去了社区医院，值班医生看了看，问了一些情况，怀疑是不是吃了什么感冒药引起的，儿子说不是的，就吃了感冒清胶囊，没有吃其他药。然后医生开了一盒药，6元钱。我们问有没有抹的药，医生说全身都是小疙瘩，没法抹药啊。医生说，这个药每天晚上睡觉前吃一粒就可以了。当晚，儿子就住家里了，他就在家里学习。洗脚时，我们一起探讨了人机大战的问题，儿子脑洞大开，学到很多东西。周五早上8点多，在家吃完早饭后我把他送到时间广场，他坐公交去学校。

140. 我看完儿子的八校联考语文试卷后

昨天下午，儿子八校联考结束后就回家了，因为第二天要参加高考体检。他把语文试卷带回来了，我第一次认真看了他的这次八校联考试卷。主要分两大部分，一是阅读部分，二是表达部分。阅读部分包括现代文两篇，文言文一篇，古诗两首。其中第二篇现代文二选一，儿子一般选的是人物传记。表达部分包括语文基本表达和作文，这次的作文是怎样看待批判与建设的话题。

看完儿子的语文试卷，我最大的感受是，靠死记硬背很难得高分。现在的语文高考命题导向很明确，重能力、重积累、重基本功，当然还有思维能力，包括批判性思维、逻辑思维等。单纯靠刷题或者做题技巧是很难取得高分的，这就是现在的高考命题导向。按理说，这个导向很好，很正确，把教学引导到探究问题，引导到培养能力，引导到重视积累的正道上。但事实上，现实中的教学却面临一些困难。

就拿语文来说，孩子几乎没有时间去阅读，当然这与孩子自身的认识有关。阅读培养理解能力，写作培养表达能力。这两样都不是靠考试能够训练出来的，而是靠多读、多写。没有时间读，没有时间写，即积累没有那么多，语文想学好就很难。

我这样对儿子说了之后，他意识到了自己语文学习的症结所在，即语文考试成绩每次总是在 120 分左右徘徊的根源。为了考试的学习，和为了提高自己能力的学习，两者有本质的不同。所以我对儿子说，语文没有捷径可走，必须要多读、多写，要把时间用在读和写上，与其有空就摸手机、玩电脑，不如读一两篇好文章。这样日积月累，语文能力自然就提高了。语文能力提高了，考试当然就不害怕了。

141. 我为华师一高三的活动点赞

作为高三的学生，考完试之后干什么？当然是听老师讲解题目了。可是华师一高三是怎么做的呢？他们要带着孩子们放飞心情——到森林公园去春游！

昨天下午 6 点多，我们刚到家儿子就让我给班主任发短信请假。考完试他没有找到班主任，然后就直接坐公交回来了。他让我跟班主任发短信说要参加体检，请个假。我就给班主任发短信请假，班主任同意了。两个小时后，班主任又打来电话，问儿子到家了没有。我说已经到家了。他问什么时候体检，我说规定时间是下午，上午去也可以。他说上午吧，因为下午他们组织全班学生去森林公园春游，说儿子很优秀，一定要参加。这是高中三年来第一次组织这样的活动，也是高考前最后一次集体活动，班主任要儿子一定要参加，我说“好”。

早上 7 点多，我和儿子就出发去医院体检。找医院不顺，但体检很顺利。儿子在体检过程中，我登录 QQ，看到家长群里关于这次活动安排的消息。

当然，对这样的活动，家长们还是很支持的。大家在群里都说这个活动好，很有意义。的确，平时孩子为了备考，压力很大。这次放松一下，对孩子来说是一件很好的事情。另外，在活动中，师生还可以多沟通交流，加深彼此之间的了解和感情。虽然高考时间很紧张，任务很重，但适当放松比一味加压更有利于孩子备考。

我为华师一高三的这次活动点赞。

142. 走读生活就要开始

这次清明节，儿子放假两天。放假第一天，他扎扎实实在学校自习室和图书馆学了一天，做完了几套试题。这是不简单的。3 月的八校联考，他的成绩还不错，虽然题目很难，但又进步了。昨天下午 6 点多，我和爱人一起去东门外的服装店给他买了两件外套。

晚饭后，我们在电脑上看了电影《碟中谍 5》，该片情节紧张，跌宕起伏，扣人心弦。其实，这就是欣赏文艺作品的好处，让人完全进入艺术构建的世界中，与里面的人物同呼吸共命运，同悲欢共离合。也就是调动观众的情感体验，在欣赏的过程中受到熏陶或洗礼。

今天上午 9 点多，我们又到阳光眼镜店给他重新配了一副眼镜。他的上一副眼镜腿不小心掰断了，当然还是质量不好，当时只花了 200 多元。这副眼镜架子和镜片都好一些，总共花了 490 元。令人欣慰的是，验光之后，儿子的视力保护得还比较好，近视度数稍微高了一点。验光师说，从高二到高三，很多学生一个学期都会增加 50 度，我们保护得还是很好的、不多见的。

两周前，儿子就说过这个月就开始走读生活，为适应高考早点做准备。走读，有点辛苦，但为了高考，辛苦也是值得的。我们全力支持儿子的决定，只要有利于他的备考。毕竟，儿子说走读是有他的理由的。儿子很期待他的走读生活，早已规划好了。

143. 高三的手机事件

周三晚上 6 点多，儿子用一个陌生手机号发来短信说，今晚不回家，他妈会跟我说他的最新情况，有事就用班机联系。我看到这条短信有点纳闷：儿子去学校带着手机呢，怎么说有事用班机联系？他的手机呢？那天晚上，我和几个哥们一起到外面吃饭，很晚才回家。他妈也没有跟我说儿子的情况。

昨晚去接儿子，路上他跟我说了他的最新情况，实际上就是手机事件。他说，他的手机正在教室讲台边充电，班主任进去看见就收走了。因为班里规定不让把手机带到教室，有事情用班机联系。下课后，他赶快跑到班主任办公室。班主任还以为他是来要手机的，但他没有要手机，而是对班主任说，老师做得很正确，自己早就不想用手机了，用手机分心，影响学习，手机被收走后少了很多烦恼，全身感觉很轻松，心里没有什么挂碍了。他刚进办公室时，班主任还满脸乌云，听他这样一说，很高兴，就决定把手机交给他，让他拿回去。儿子却说，手机要给老师保存，一直到考完试他再拿。老师一听就更高兴了，认为他做得很好，还说他的儿子就是离不开手机云云。

这就是手机事件，本来是一件不好的事情，但儿子这样的决定和做法让事情的性质发生了根本性变化，即由坏事变成了好事。这不仅解决了违纪问题，而且解决了手机影响学习的问题。儿子对我说，他确实也不想用手机了，没有手机感觉挺好的。

的确，作为学生，学习是第一任务，也是最本职的工作。如果被手机分心，就成了一心二用。行歧路不至，用二心无获。做任何事，都要一心一意，才能做好。

144. 儿子自己去考英语口语

4 月 10 日，儿子去考英语口语，考场在石牌岭职业中学。他昨天晚上在家里上网查了地址，确定今天坐地铁去。因为我上午有个会，不能陪他去，只能他自己去。

早上 7 点，我把他叫醒起床，然后我们一起去学校餐厅吃早饭。我把他送到北门，那里有地铁，然后坐两站就到了，当然要再步行几百米，对他来说应该是一件很容易的事情。

不到 9 点，他就给我发来短信说考完了，他直接去自习室自习了。真不错，这么快就考完了。给孩子独立的机会，就是学会放手，让孩子自己去做他应该独自做的事情。

145. 有备无患

4 月 15 日，去公交站接儿子，出发时天气还好好的，到之后不久，突然轰隆隆响起了雷声，很快豆大的雨点就啪啪啪地落下来。儿子还没有过来，雨却越下越大，而我又没有带雨衣和手机。这该如何是好？我很后悔，应该带雨衣！

一会儿，儿子过来了，他的裤脚已经挽起来，估计鞋子已经打湿了。值得庆幸的是他手里打着一把伞，他说教室里专门备有一把伞。我们等了几分钟，雨下得小了，明显是阵雨。我们赶紧出发，他在后面打着伞，我戴有头盔，可以遮挡一点雨，否则我们俩可就要成落汤鸡了。

走到三环立交桥下，哗哗哗雨又大了。我们只好在桥下避雨。除了我们，桥下还有一个骑电动车的小伙子在避雨。等了几分钟，雨就变小了。我们继续出发，雨很小，儿子干脆把雨伞收了起来，毕竟速度比较快，伞很难拿稳。

我们还比较顺利，到家衣服并没有淋湿多少。但有备无患，如果预报有雨，还是要提前准备好雨具。否则，就会弄个措手不及！

146. 你跟孩子有共同话题吗

4 月 16 日，去公交站接儿子。一见面他就说，看了科比的告别赛视频集锦，很感动，他回家要写点东西。我问他上午给我的公众号里科比的文章打赏是不是因为这个。他说是的，看了我的文章后很有感觉。

正好他师父也来了，我们一起吃晚饭，饭桌上我们又聊起了科比的话题。我们三个篮球爱好者，你一言我一语，聊得不亦乐乎。儿子有自己的观点，毕竟他并不是很喜欢科比的球风，但因为这个告别赛，他对科比的看法完全不同了。

他师父走后，我和儿子又在电脑上看了科比的 6 分钟告别赛集锦镜头，还有赛后他的即兴演讲。儿子对科比对湖人队的忠诚很认同，还对科比的拼搏、坚持、顽强等精神非常敬佩。

他的 QQ 说说是这样写的："今天看了科比的最后一场比赛，犹如好莱坞大片那般精彩绝伦。看着年近四十的他使出全部看家本领咬紧比分，看着伤痕累累的他接管比赛的最后时刻，看着他不负众望投进制胜球。说实话以前我并不喜欢科比的球风，但现在我希望他能投进所有的球。看着他转身离去的背影，留给我的只有强忍泪水的份儿了。这个让人又爱又恨的飞侠，终究还是离开赛场了。再见青春！再见科比！"

当然，这个话题还会在我们父子间谈到，毕竟，科比身上值得学习的东西有很多。他之所以能够成为一个篮球巨星，与他的品质和精神还是分不开的。至少，他对湖人队的这种忠诚是很打动人的，没有几个人能做到 20 年对一个球队不离不弃。

由此我想到，一些父母总抱怨与孩子没有共同语言，除了督促孩子学习之外，再也没有什么可聊的了，因为孩子不愿意跟父母聊。究其原因，父母与孩子之间没有共同话题。如果父母与孩子之间能够有共同话题，那么自然就会有共同语言。有了共同语言，父母与孩子之间的沟通就会很顺畅。沟通顺畅，亲子关系就会融洽。亲子关系融洽，父母与孩子就会很快乐。父母孩子快乐，家庭里当然都是满满的幸福了！

这就是共同话题的重要性，父母与孩子间必须有一些共同话题。而这些共同话题是广泛的、多样的，不局限于一个方面的。你可能不喜欢孩子喜欢的东西，但你要去了解、去学习，这样才能与孩子有共同话题。一旦父母与孩子有了共同话题，什么问题都好解决了。

147. 这将是美好的回忆

现在形成了惯例，周日中午在办公室喝鸡汤。

4 月 17 日中午，我们又订了一罐鸡汤。12 点半，我过去拿时，除了一罐鸡汤之外，服务员还给我另外一个塑料袋，里面装着两个塑料饭盒。我心里想着：这是什么？是送的米饭吗？看我一脸疑惑，服务员说是火烧馍，陈总送的。

服务真贴心啊，到了办公室，我给陈总打了电话，表示感谢。她说很久没有见到我儿子了，想着我们是北方人应该喜欢吃面食，所以就让他们准备了一份火烧馍给孩子吃。

几分钟后，儿子从自习室过来了。他看到鸡汤还有火烧馍，异常高兴。以前只有鸡汤，没有火烧馍。所以，儿子吃了很多。一罐鸡汤，一份火烧馍，一顿简单的午餐，也是充满着温情与爱意的午餐。

儿子忍不住说，在这里吃饭的感觉真好啊，比在家好多了。我说，这将是今后我们美好的回忆。因为这是一个特殊的时期，今后儿子考上大学后，就不会再有这样的时光了，所以这必将是我们美好的回忆！

办公室里的鸡汤午餐，既有物质方面的营养，也有精神方面的营养。一切为了更美好的生活，加油！

148. 出发之前

6 月 16 日晚 8 点多的飞机，飞往海南三亚，儿子与他的六个小伙伴的高中毕业之旅，也是18岁成人之旅。这几天，他们一直在筹备，电话、QQ、面谈，商定各种需要注意的事情。海南的同学还专门从海南飞来接他们几个。

出门旅行只有两件大事，一个是来往机票、车票，一个是住宿的宾馆。彭同学的爸爸订的来回机票；儿子在网上订的宾馆，他还打了几个电话到宾馆前台，询问相关事宜。

这是儿子第一次独立出门旅行，也是小伙伴们第一次结伴出行。没有大人陪在身边，很多事情需要他们自己做，自己拿主意，自己想办法。这就是让孩子独立出门旅行的好处，第一次可能有点紧张，担心各种事情，第二次、第三次……次数多了就不会再担心了。

上午，我们到单位上班，儿子在家里收拾自己要带的东西。中午12点他到我们单位吃饭，然后下午一起去超市买几样必备东西。我们先到北门手机店，给他的新手机贴上膜，又买了一个充电宝。然后我们到武商量贩，买了沙滩裤、泳裤、浴巾、人字拖、拉杆箱、防晒霜等。最后我们又到精益眼镜店买了太阳镜，儿子买了一副，我也买了一副。回到北门，儿子突然想起来，他的眼镜忘在了眼镜店里。

我们先骑车到办公楼，然后他骑车去拿眼镜，我先买饺子，回家还要给他煮饺子吃。他刚到家，正在装东西，电话响了，他的同学出发了，开车接他。我只有把刚煮好的热饺子用凉水冲一冲，他吃了十来个，我们就出发了。到接头地点，他同学爸爸开车正在那里等着呢。我看时间，差5分钟到5点，一切正好！

149. 平安归来

儿子与小伙伴一起去海南三亚玩了四天，6月20日夜12点平安到家。

这是儿子第一次在没有我们的陪伴下独立出去旅行，他与几个小伙伴一起去了天涯海角。这次旅行他经历了人生中的很多第一次，第一次独立游玩，第一次坐飞机，第一次潜水，第一次订酒店，第一次点餐……

虽然他们有七个人，还有海南的同学一起，但我们还是担心，毕竟这是孩子第一次独立出去旅行。吃住行，游玩时的安全，都是我们担心的。不过，我们的担心是多余的，孩子在 QQ 说说里陈述了旅行的情况，一切很好。

我们盼着他们平安归来。昨天是游玩的最后一天，上午他们从三亚赶到同学家里，然后又从同学家里赶到海口乘坐飞机。晚上 6 点多的航班，本来一个多小时就到武汉，但他们乘坐的航班不是直飞武汉的，而是先飞到广西南宁，然后再飞武汉，所以到武汉天河机场下机就快夜里 11 点了，又等托运的行李，到家 12 点。

虽然很折腾，但孩子平安到家，这是最开心的事情。到家后，儿子却没有睡意，他打开电脑发照片呢。我们都困了，睡着了，不知道他是什么时候睡的。

150. 活在大学

虽然这个世界很喧嚣，但有个地方很安静，就是大学。在这个喧嚣的世界，活在大学是幸福的。

很久没有跟儿子一起打篮球了。晚上 9 点，我俩一起到对面的交通职业技术学院打篮球。说是打篮球，其实就是去投下篮，主要目的是锻炼身体，而不是提高球技。

这几天，武汉超级闷热，刚刚下过雨，但没有下彻底，所以更闷，因为湿度大。几乎感觉不到风，路灯下，长椅上，大学生三三两两，聊天纳凉。我们借着路灯的光亮投篮，另外有几个大学生，虽然我们彼此不认识，但一点也不影响大家在一起玩。

我是光着膀子投篮的，实在是太热了，汗流不止。我投了半个多小时篮，感觉有点累，就到球场边的木椅上坐着休息。这时风起来了，凉风阵阵，吹在身上很惬意。抬头看天空，星星很多，原来天晴了。一轮圆月从实训大楼后面爬上来，十分明亮。难得这样的夜空，明月、星星在夜空中闪耀。

儿子仍在球场上投篮，专注投入，他的上衣后背已湿透，但完全顾不上了。夏天出汗是好事，出出汗，排排毒，身体更健康。儿子已成人，后天高考成绩就出来了，他也很快就要正式成为一名大学生，在大学里生活了。想起这些，我心情格外舒畅。

活在大学，不去想赚很多很多的钱，也不去想当很大很大的官，只需要去做好自己喜欢的事情，读自己喜欢的书，打自己喜欢的球，写自己喜欢的文章，足矣！这就是大学，让一个人的心安静，让一个人的胸怀宽广，让一个人的精神富有。活在大学，三生有幸！

151. 儿子打工

昨天晚上 7 点多，儿子接到一个电话，说了很长时间。我们问是谁打来的，儿子说是负责介绍工作的。他报名参加暑期打工了，对方要他今天上午 9 点半去广埠屯面试。

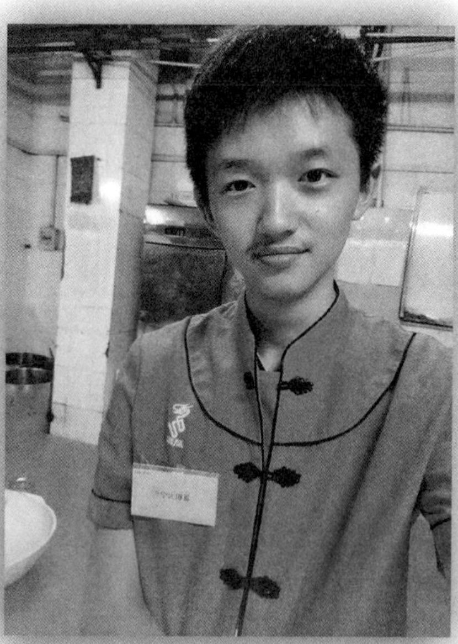

我们有点不放心，哪有人这么晚了还在介绍工作，现在的骗子太多了。另外，还有传销组织，进去之后就很难出来了。我们不想让他做这样的事情，想打工我们帮他找人。可是儿子说已经答应别人了，今天上午 9 点半一定要去看看。最后，我们商定我跟他一起去。我特别强调，如果是先交钱，即所谓的“押金”啊什么的，就不要做了。

今天上午 9 点，亲戚开车来了，我要陪他们，儿子给我打电话说面试的事情，我才想起来。

我没有时间过去了，儿子说他一个人去看看。一个多小时后，我给他打电话，他说已经面试通过了，有很多工作都可以干。我问交钱了没有，他说交了 400 元。果然，这不是一个什么好公司，还没有挣钱就先交钱。

中午 12 点多，他才来到学校。他把自己交钱的单子，还有网上的东西都给我看了。原来就是一个中介公司，名叫“中国校傲江湖”。因为交了钱，他成为会员，可以做他们提供的各种短期工，主要是发广告传单之类的。儿子已经接了一单，下午 2 点到街上发广告单，一直到 6 点，工资 50 元。这平均一个小时才十几元啊，既然他愿意干，就去体验一把吧。

152. 开导同学

高考成绩公布，几家欢乐几家愁，考得好的高兴，考得不好的失落。我们在为考得好的祝贺之时，也要关心那些考得不好的，尤其是作为老师和家长。这是学校的责任，也是家庭的责任，及时开导鼓励高考失利的孩子，重新鼓舞起他们的信心，做更好的自己，在某种意义上，这比祝贺更有价值。

儿子考得并不理想，成绩出来后一直很郁闷。所以，我们一直在劝导他，人生之路还长，继续努力，一切皆有可能。录取分数线出来后，看到成绩超一本线将近 90 分，他的心情才稍微好一些。

晚上 9 点，正在查询高校的他换上鞋子出去了。他说跟浩森同学约好了，在交通职业技术学院篮球场见面。他要去开导下同学，因为浩森比他考得更不理想，说是高中以来考得最不好的一次。

儿子能够想着去关心没有考好的同学，给同学鼓劲加油，这是很难得的。本来自己考得就不好，心情不好，但想到考得更不好的同学，他第一时间去帮助同学，这种做法让我们感动。

153. 旅行的意义

6 月 30 日，儿子完成高考志愿填报之后又开启了第二次长途之旅——重庆。

这次他是与另外三个同学一起去的，乘坐的是下午 2 点多的动车，从武汉站出发，夜晚 10 点多才到重庆。从儿子 QQ 说说获悉，他们当晚 11 点多才到入住的宾馆。一路上，儿子又学到了很多东西。

儿子喜欢旅行，我们支持他旅行。高考之前，即儿子成人之前，都是我们带着儿子旅行。高考之后，即儿子成人之后，他开启了与小伙伴一起旅行的模式。当没有父母在身边，衣食住行所有的一切都要他们自己处理，其实这个过程比任何课堂学的东西都多。因为这是真正在社会中学习各种能力，观察、思考、判断、选择、决断等，都是在这个过程中学会的。如果跟着父母，孩子永远学不会这些能力。

说起旅行，我认为至少有这几个意义。

一是发现。到一个完全陌生的地方，或者即使第二次、第三次到另外一个地方，我们仍然会发现很多东西，与我们自己城市不一样的东西。每个地方都有自己的历史文化、自然风光，这是一本厚重的教科书，胜过课堂学习的任何一本教科书。你在这本教科书里，会发现很多不一样的东西，这个发现本身就是学习。

二是成长。什么是成长？一个人的生命不断丰富、不断完善就是成长。而旅行可以说能使人更好地成长，无论是路上的风光，还是当地的人物，都会使你的生命不断丰富、不断完善。

三是悲悯。这是旅行最高的境界，无论是眼前的大自然，还是身边的各色人等，都会让人产生悲悯的情怀。这个很重要，悲悯不仅仅是同情，更是敬重、敬畏与珍惜。生命短暂，自然永恒。在大自然中，每个生命都是渺小的，但每个生命又都是伟大的。一个人懂得悲悯才能把握生命的本质，懂得人生的价值和生活的意义。

后　记

我一直有写日记的习惯，儿子出生之后我就开始记录他的成长。这本书的所有内容都来自我的教子日记。

2008 年 1 月 10 日，儿子读小学四年级，我开通了个人 QQ 空间，教子日记开始从手写到电脑键盘录入，这样就更方便快捷。

我的 QQ 空间名为“爱的教育”。为何起名“爱的教育”？我的回答是：人为了爱而活着，而爱要靠后天的教育，故名“爱的教育”。

QQ 空间开通至今，我一直没有中断教子日记的写作，高中三年我写得更多一些。直到儿子高中毕业考上大学，总计 1573 篇日记。

很多朋友和网友一直在向我打听：华一到底是一所什么样的高中？

这个问题实在不好回答。于是，我决定以儿子高中三年的成长个案来回答这个问题。而我的教子日记几乎完整反映了一个孩子从华一高一到高三的生活和学习状态。

因为我在华师工作，儿子就读的是华师附属学校，从附小、初中到高中，全部是附属学校。华师附小和初中质量也是一流的，但没有高中的名气和影响大。

近十几年来，华一的综合排名在全国都是第一，其办学理念和特色值得教育界研究。作为一个家长，我想从一个具体的人的成长来反映华一的办学理念和特色，这样或许更好看，也更真实。

这个人就是我的儿子。

2016 年 6 月，儿子从华一毕业。整整三年的高中生活，给予了儿子很多东西，也改变了他身上的很多东西。作为一所全国重点高中，华一是有自己的文化基因的。留在儿子身上的或许就是华一的文化基因。

我想，首先最重要的是人生观和价值观的塑造。关于这一点，我不想在这里展开，大家可以看书中的一些故事或案例。

其次，人际交往能力的培养。无论是社团还是球赛，无论是新年音乐会还是阳光义卖活动，儿子的人际交往能力都得到充分培养，而这对他未来的发展至关重要，包括考研进北师大，申博进北大。

最后，健全人格的养成。什么是人格？人格是人的性格、气质、能力等特征的总和。人格主要是指人所具有的与他人相区别、独特而稳定的思维方式和行为风格。人格是一个人整体的精神面貌。可以说，人格决定了一个人的生活方式，也决定了一个人的人生命运，是前途事业成败的关键所在。

什么是健全的人格？健全的人格就是人格的正常和谐发展。从心理学来讲，可以从五个维度来评判：性格、品质、责任感、情绪稳定性、思维开创性。

人生观和价值观、人际交往能力、健全人格，这些好像与高考成绩关系不大，但却决定着孩子未来一生的发展。

华一厉害就在这里，看重的不仅是孩子的高考成绩，而且是人生观和价值观、人际交往能力与健全人格。这些都做好了，学生的高考成绩会更好。

与其他的重点高中相比，华一最大的特色或许就在这里。

当然，本书在反映华一特色的同时，间接体现了我的家庭教育观。孩子的成长不是单方面的，而是学校、家庭、社会共同起作用，尤其是学校和家庭。

因此，本书既反映了华一的办学特色，也体现了我的家庭教育观和做法。想了解我对孩子教育的态度和做法，从这本书里面也可以找到答案。

作为一个家长，我特别感谢华一，感谢华一的周鹏程校长，感谢华一教过我儿子的各位老师，包括郑志雄和叶俊华两位班主任，正是你们的付出，才有全国最好的高中，才有发展后劲大的华一学子。

最后特别说明，本书的育儿观点纯属个人之见，错漏在所难免，请各位批评指正。